Der Arbeitsvertrag

Verhandeln – Prüfen - Nachbessern

Dr. Stephanie Kaufmann

So nutzen Sie dieses Buch

Die folgenden Elemente erleichtern Ihnen die Orientierung im Buch:

Beispiele

In diesem Buch finden Sie zahlreiche Beispiele, die die geschilderten Sachverhalte veranschaulichen.

Definitionen

Hier werden Begriffe kurz und prägnant erläutert.

Die Merkkästen enthalten Empfehlungen und hilfreiche Tipps.

Auf den Punkt gebracht

Am Ende jedes Kapitels finden Sie eine kurze Zusammenfassung des behandelten Themas.

Inhalt

Vorwort

Sie wollen sich beruflich verändern oder suchen den richtigen Einstiegsarbeitsplatz zum „Durchstarten"? Dann müssen Sie nicht nur die schriftliche Bewerbung meistern und im Vorstellungsgespräch überzeugen, sondern auch über Ihre Rechte und Pflichten aus dem neuen Arbeitsvertrag Bescheid wissen. Denn nur wer ein Bewusstsein für die arbeitsrechtlichen Feinheiten hat und weiß, was auf ihn zukommt, der kann schon im Bewerbungsverfahren selbstbewusst und sicher auftreten. Das soll natürlich nicht heißen, dass Sie bereits im Bewerbungsgespräch gleich auf rechtliche Fehler hinweisen, die dem neuen Arbeitgeber unterlaufen. „Belehrungen" dieser Art wären in einer solchen Situation sicher fehl am Platz – der neue Job könnte so leicht in Gefahr sein. Ihre rechtliche Position im Bewerbungsverfahren sollten Sie aber trotzdem kennen und als Hintergrundwissen für den Konfliktfall parat halten.

In diesem Buch erfahren Sie, welche Rechte Sie in der Bewerbungsphase haben, welche Punkte des Vertrages wie verhandelt werden und was Sie bei Vertragsabschluss beachten müssen. Außerdem erkennen Sie, was die vielen Klauseln des Arbeitsvertrages zu bedeuten haben, die für Laien oft nicht so leicht zu verstehen sind.

Viel Erfolg bei der Vorbereitung auf den Wunscharbeitsvertrag wünscht Ihnen

Dr. Stephanie Kaufmann

Ihr Recht in der Bewerbungsphase

Bevor Sie sich mit dem Thema „Neuer Arbeitsvertrag" auseinandersetzen können, gilt es in aller Regel erst einmal ein Bewerbungsverfahren zu durchlaufen. Bereits hier lauern einige Fallen und Hindernisse. Im ersten Kapitel dieses Ratgebers finden Sie daher alle wichtigen Punkte, die Sie im Laufe eines Bewerbungsverfahrens berücksichtigen sollten: Zum Beispiel erfahren Sie auf den folgenden Seiten, was mit Ihren Bewerbungsunterlagen geschieht, welche Fragen Sie im Vorstellungsgespräch nicht wahrheitsgemäß beantworten müssen und wie Sie vermeiden können, dass Ihr aktueller Arbeitgeber schon im Vorfeld von Ihren Bewerbungsmaßnahmen erfährt.

Was mit Ihren Bewerbungsunterlagen geschieht

Wenn Ihre Bewerbung erfolgreich war und Sie die neue Arbeitsstelle erhalten haben, dann verbleiben Ihre Bewerbungsunterlagen im Unternehmen und werden in der Personalakte archiviert. Haben Sie hingegen eine Absage erhalten, muss Ihnen das Unternehmen die Bewerbungsunterlagen zurückschicken.

Achtung

Wenn Sie sich „blind" bewerben, ist der Arbeitgeber nicht verpflichtet, Ihre unverlangt eingesandten Unterlagen zurückzusenden.

Viele Unternehmen versenden jedoch Absagen, ohne die Bewerbungsmappe beizulegen. Stattdessen teilen sie mit, dass sie die Unterlagen zur Prüfung bei künftigen Stellenbesetzungen archivieren. Ihr Einverständnis dafür wird regelmäßig vorausgesetzt. Einerseits ist es Ihnen vielleicht unangenehm, dass man Ihre Unterlagen in einem Unternehmen einsehen kann, bei dem Sie nicht arbeiten. Andererseits könnte sich ja vielleicht doch noch etwas ergeben. In einem solchen Fall sollten Sie einer befristeten Archivierung im Unternehmen zustimmen und im Anschluss daran auf die Rückgabe der Unterlagen bestehen.

Musterbrief „Archivierung der Unterlagen"

Sehr geehrte/r …,

vielen Dank für Ihr freundliches Schreiben vom … . Gerne stimme ich einer Archivierung meiner Bewerbungsunterlagen in Ihrem Haus zu. Bitte geben Sie mir diese jedoch spätestens bis zum … (innerhalb eines halben, eines Jahres) zurück.

Mit freundlichen Grüßen

Vorsicht beim derzeitigen Arbeitgeber

Sie haben einen Konkurrenten Ihres derzeitigen Unternehmens als potenziellen neuen Arbeitgeber im Visier oder Sie wollen Ihre Unterlagen bei einem Personalvermittler oder Headhunter abgeben? In diesen Fällen sollten Sie darauf achten, dass Ihr aktueller Arbeitgeber keinen „Wind" von Ihren Abwanderungsgedanken bekommt.

Binden Sie deshalb die Adressaten Ihrer Bewerbungsunterlagen immer mit einer sogenannten Vertraulichkeitsklausel
bzw. einem Sperrvermerk. Der Empfänger Ihrer Bewerbung
darf in diesem Fall bei Ihrem aktuellen Arbeitgeber keine
Erkundigungen über Sie einholen. Und damit der
potenzielle Arbeitgeber nicht denkt, Sie hätten etwas zu
verbergen, sollten Sie Ihren Sperrvermerk freundlich
formulieren und einen Vorbehalt aufnehmen.

Musterformulierung Vertraulichkeitsklausel

... Da ich mich derzeit in einem ungekündigten Arbeits-
verhältnis befinde, darf ich Sie bitten, meine Bewerbung in
Ihrem Hause vertraulich zu behandeln, und mir vorab mit-
zuteilen, falls Sie eine Anfrage zu meiner Person bei
meinem bisherigen Arbeitgeber vornehmen möchten. ...

Etwas deutlicher müssen Sie Ihren Sperrvermerk
formulieren, wenn Sie Ihre Bewerbung bei einer Personal
beratung bzw. einem Headhunter o. Ä. abgeben. Hier
besteht nämlich die Gefahr, dass Ihre Bewerbung an Ihren
aktuellen Arbeitgeber gesendet wird, sollte kein Sperrvermerk von Ihrer Seite vorliegen.

Musterformulierung Sperrvermerk

An die Firma ... sowie deren Tochterunternehmen ... darf
meine Bewerbung nicht weitergeleitet werden.

Freie Zeit für das Vorstellungsgespräch

Wenn Sie in einem ungekündigten Arbeitsverhältnis arbeiten und sich anderweitig umschauen, müssen Sie für ein Vorstellungsgespräch Urlaub nehmen. Etwas anderes gilt nur, wenn Ihnen gekündigt wurde oder Sie bereits selbst gekündigt haben. In diesen Fällen muss Sie der derzeitige Arbeitgeber in angemessenem Umfang zur Stellensuche – also zum Beispiel für ein Vorstellungsgespräch – freistellen. Im Gegenzug müssen Sie Ihren Arbeitgeber rechtzeitig über Ihren Termin informieren, damit dieser planen kann und keine Störungen im Betriebsablauf auftreten.

Achtung

Wenn Sie den Eindruck haben, dass Ihr jetziger Arbeitgeber Ihnen willkürlich die Freizeit zur Stellensuche nicht einräumt, sollten Sie trotzdem nicht eigenmächtig der Arbeit fernbleiben. Das könnte man Ihnen als Arbeitsverweigerung auslegen – und das wäre ein Grund für eine fristlose Kündigung.

Wer trägt die Kosten der Vorstellung?

Wenn Sie zum Vorstellungsgespräch eingeladen werden, muss Ihnen der potenzielle Arbeitgeber gemäß § 670 Bürgerliches Gesetzbuch (BGB) alle Aufwendungen ersetzen, die Sie den Umständen nach für erforderlich halten durften. Das gilt im Übrigen unabhängig davon, ob Sie nachher eingestellt werden oder eine Absage erhalten.

Achtung

Wenn Sie bei Ihrem derzeitigen Arbeitgeber einen Urlaubstag in Anspruch nehmen, um zu einem Vorstellungsgespräch gehen zu können, wird Ihnen dieser nicht im Rahmen der Vorstellungskosten ersetzt. Etwas anderes gilt nur, wenn sich der neue Arbeitgeber freiwillig dazu bereit erklärt.

Zu den notwendigen Kosten gehören in der Regel die Fahrtkosten – falls erforderlich aber auch die Kosten für Verpflegung und Übernachtung.

Beispiel

Diese Kosten werden üblicherweise erstattet:

▸ *Bahnfahrt: 2. Klasse (1. Klasse nur bei entsprechender Bedeutung für die zu besetzende Stelle),*

▸ *Pkw: steuerliche Kilometer-Sätze wie bei Dienstreisen (derzeit 0,30 Euro je Kilometer),*

▸ *Flug: grundsätzlich nur nach vorheriger Vereinbarung (Etwas anderes gilt, wenn sich ein Flug aufgrund der zu besetzenden Position und/oder der Anreiseentfernung von selbst versteht.),*

▸ *Taxi: zum Beispiel vom/zum Bahnhof oder Flughafen,*

▸ *Hotelkosten: steuerlich zulässige Sätze, wenn An- und Abreise nicht an einem Tag zu schaffen sind,*

▸ *Verpflegung: steuerlich zulässige Spesensätze.*

> **Achtung**
>
> Wenn Sie sich unaufgefordert bei einem Unter-
> nehmen vorstellen, haben Sie keinen Anspruch auf
> Erstattung Ihrer Vorstellungskosten.

Die Erstattung der Vorstellungskosten kann von vornherein
ausgeschlossen bzw. gedeckelt werden. Das ist zulässig,
wenn es Ihnen bei der Aufforderung zur Vorstellung ausdrücklich mitgeteilt wurde. Eine Kostendeckelung ist in der
Praxis durchaus üblich. Viele Unternehmen legen zum
Beispiel fest, dass sie Fahrtkosten höchstens bis zum Wert
eines Bahn-Tickets (2. Klasse) erstatten. Fragen Sie also am
besten bei der Terminvereinbarung nach, welche Kosten
übernommen werden. Das spart Ihnen böse Über-
raschungen bzw. spätere Streitigkeiten.

Bei welchen Fragen dürfen Sie lügen?

In einem Bewerbungsgespräch darf der Arbeitgeber sein
Fragerecht nicht uneingeschränkt ausweiten. Er sollte
Ihnen nur Fragen stellen, die im Zusammenhang mit dem
angestrebten Arbeitsverhältnis und den zu erwartenden
Aufgaben stehen. Dabei darf er Ihr Persönlichkeitsrecht auf
keinen Fall verletzen. Die Fragen sollten vor allem darauf
gerichtet sein, Ihre fachliche, physische und persönliche
Eignung zu bestimmen. Unterscheiden Sie zwischen zulässigen und unzulässigen Fragen.

Zulässig sind Fragen u. a.

▸ nach beruflichen und fachlichen Fähigkeiten, nach dem beruflichen Werdegang und nach Zeugnisnoten,

▸ nach dem Gesundheitszustand, sofern ein berechtigtes Interesse daran besteht (zum Beispiel bei dauerhaften oder akuten Krankheiten),

▸ nach einer aktuellen Lohn- oder Gehaltspfändung,

▸ nach Vorstrafen, sofern diese für die künftige Tätigkeit bedeutsam sind (zum Beispiel bei einem Kassierer wegen Diebstahl oder Unterschlagung),

▸ nach einem rechtswirksamen Wettbewerbsverbot mit dem früheren Arbeitgeber des Bewerbers, welches die künftige Arbeit einschränken könnte.

Unzulässig sind Fragen u. a.

▸ nach einer Eheschließung in absehbarer Zeit,

▸ nach einer Schwangerschaft,

▸ nach einer Gewerkschafts-, Partei- oder Religionszugehörigkeit (Ausnahme: Tendenzbetriebe wie zum Beispiel die Kirchen),

▸ nach der sexuellen Identität (Ausnahme unter Umständen bei Kirchen und Religionsgemeinschaften),

▸ nach den Vermögensverhältnissen.

So reagieren Sie auf unzulässige Fragen

Stellt man Ihnen im Vorstellungsgespräch eine unzulässige Frage – zum Beispiel nach einer bestehenden Schwangerschaft oder Parteizugehörigkeit –, können Sie hierauf ungestraft mit einer Lüge antworten. Nicht jeder Bewerber hat dafür jedoch die richtigen Nerven, viele kommen bei „kritischen" Fragen ins Strauchen bzw. verweigern einfach die Antwort. Das lässt den Bewerber natürlich im Gespräch nicht besonders gut dastehen. Bereiten Sie sich deshalb darauf vor, dass Ihnen eine unzulässige und für Sie vielleicht unangenehme Frage gestellt wird, damit Sie entsprechend souverän reagieren können. Nutzen Sie zum Beispiel die Übersicht auf der Seite zuvor, um sich entsprechende Antworten zu überlegen.

> *Beispiel*
>
> *Angenommen, man fragt Sie in einem Vorstellungsgespräch, wie es denn mit Ihrer Familienplanung aussieht. Eine überzeugende Antwort, die Ihre Souveränität unterstreicht, könnte beispielsweise sein: „Ich habe das mit meinem Ehemann detailliert besprochen. Wir sind uns beide darüber einig, dass der Beruf und unsere berufliche Entwicklung absolut im Vordergrund stehen."*

Bedenken Sie: Häufig werden diese unzulässigen Fragen eingesetzt, um zu sehen, wie Sie unter Druck reagieren. Statt darauf hinzuweisen, dass Sie diese unzulässige Frage nicht beantworten, sollten Sie die Chance nutzen und mit „Coolness" beim Personalverantwortlichen punkten.

Typische Fragen, die Sie nicht wahrheitsgemäß beantworten müssen:

▸ *Welche Partei haben Sie bei der letzten Wahl gewählt?*

▸ *Sind Sie sexuell gleichgeschlechtlich orientiert?*

▸ *Müssen Sie Unterhalt zahlen? Wenn ja, an wen?*

▸ *Wann wollen Sie das nächste Kind bekommen?*

▸ *Haben Sie in Ihrer Kindheit den Goldhamster oder sonstige Tiere gequält?*

So reagieren Sie auf zulässige Fragen

Beantworten Sie hingegen eine zulässige Frage (zum Beispiel nach beruflichen und fachlichen Fähigkeiten, Kenntnissen und Erfahrungen usw.) bewusst falsch, dann kann der Arbeitgeber den Arbeitsvertrag wegen arglistiger Täuschung anfechten. Das gilt zumindest dann, wenn diese Falschauskunft für die Einstellung ursächlich war. Eine solche Anfechtung wirkt wie eine fristlose Kündigung, da Sie sofort Ihren Arbeitsplatz verlieren. Es empfiehlt sich also, bei den zulässigen Fragen auf jeden Fall bei der Wahrheit zu bleiben.

Hier müssen Sie mit der Sprache raus

In wenigen Punkten müssen Sie sogar von sich aus mit der Sprache raus und dem Arbeitgeber offenbaren, was los ist. Verschweigen Sie diese Punkte zu Unrecht, wird dies gewertet wie eine Lüge auf eine zulässige Frage. Der Arbeitgeber kann unter diesen Umständen den Arbeitsvertrag gleich wieder anfechten.

Offenbarungspflicht im Bewerbungsgespräch

Wenn Sie zum Beispiel bereits wissen, dass Sie zum vereinbarten Arbeitsbeginn krank oder noch zu Kur sind, müssen Sie das rechtzeitig Ihrem neuen Arbeitgeber mitteilen.

Achtung: Diskriminierung bei der Jobsuche

Bevor ein Arbeitsvertrag zustande kommt, wird regelmäßig ein Personalauswahlverfahren durchlaufen. Besonders seit Inkrafttreten des Allgemeinen Gleichbehandlungsgesetzes (AGG) müssen Arbeitgeber hierbei für einen diskriminierungsfreien Ablauf sorgen. Läuft Ihr Bewerbungsverfahren nicht benachteiligungsfrei ab, können Sie unter bestimmten Voraussetzungen Schadensersatz geltend machen. Kern des AGG ist das Benachteiligungsverbot wegen

▸ Rasse und ethnischer Herkunft,

▸ Geschlecht,

▸ Religion und Weltanschauung,

▸ Behinderung,

▸ Alter,

▸ sexueller Identität.

Nicht jede unterschiedliche Behandlung ist jedoch eine verbotene Benachteiligung. Eine unterschiedliche Behandlung nach Geschlecht kann zum Beispiel zulässig sein, wenn das Geschlecht die wesentliche und entscheidende Anforderung für eine Arbeitsstelle bildet.

Benachteiligungsfreie Personalauswahl

Der Veranstalter einer Herrenmodenschau sucht ein männliches Modell. In einem solchen Fall stellt das Geschlecht zweifelsfrei die entscheidende Anforderung dar. Die Personalauswahl wäre benachteiligungsfrei.

Benachteiligungsfrei müssen sowohl betriebsinterne als auch externe Ausschreibungen (Internet, Zeitung usw.) sein. Nur ausnahmsweise darf eine Stellenausschreibung an ein Diskriminierungsmerkmal anknüpfen, wenn es sich dabei um eine positive Maßnahme handelt. Mit einer solchen positiven Maßnahme sollen bestehende Nachteile wegen eines der Diskriminierungsmerkmale ausgeglichen werden.

Benachteiligungsfreie Stellenausschreibung

Ein Unternehmen stellt fest, dass keine Frauen in den Führungsetagen arbeiten, und schreibt deshalb in die Stellenausschreibung „Leiter/in Einkauf" hinein, dass bevorzugt Frauen eingestellt werden.

Oder ein Unternehmen will bevorzugt Behinderte einstellen, da die Quote noch nicht erfüllt ist.

In beiden Fällen handelt es sich um positive Maßnahmen, da bereits bestehende Nachteile ausgeglichen werden sollen.

Eine Stellenausschreibung muss durchgängig geschlechtsneutral formuliert sein. Andernfalls drohen dem Arbeitgeber Schadenersatzpflichten der andersgeschlechtlichen Bewerber.

Diskriminierung kann zu Entschädigung führen

Werden Sie in Ihrem Bewerbungsverfahren benachteiligt, weil das Verfahren nicht diskriminierungsfrei abläuft, können Sie Entschädigungsansprüche gegen den Arbeitgeber erheben. Das kann zum Beispiel der Fall sein, wenn eine Stellenausschreibung nicht geschlechtsneutral formuliert ist oder Sie sich sicher sind, dass Sie nur aufgrund Ihres Alters abgelehnt wurden usw.

Achtung

Eine Benachteiligung kann nur dazu führen, dass der Arbeitgeber Schadenersatz leisten muss, eine Einstellung können Sie jedoch nicht erzwingen.

Für den sogenannten Nichtvermögensschaden können Sie eine angemessene Entschädigung in Geld vom Arbeitgeber verlangen. Wurden Sie nicht eingestellt, ist Ihr Entschädigungsanspruch auf drei Brutto-Monatsgehälter begrenzt, wenn Sie auch bei einer benachteiligungsfreien Auswahl nicht eingestellt worden wären.

Dabei müssen Sie die Benachteiligung, die Sie erlitten haben, nicht einmal beweisen. Es reicht aus, wenn Sie im Streitfall Indizien darlegen können, die eine Benachteiligung wegen eines Diskriminierungsmerkmals vermuten lassen. Im Anschluss daran muss der Arbeitgeber, wenn er keine Entschädigung zahlen will, nachweisen, dass kein Verstoß gegen das AGG vorgelegen hat. Er muss in diesem Fall darlegen und beweisen, dass ausschließlich sachliche Gründe für die unterschiedliche Behandlung maßgeblich waren.

Checkliste „War das Personalauswahlverfahren diskriminierungsfrei?"	
War die Stellenausschreibung durchgängig geschlechtsneutral formuliert?	✓
Wurden keine konkreten Altersangaben oder sonstige Formulierungen in der Stellenanzeige oder während des Bewerbungsgesprächs gebraucht, die Bewerber nach ▶ Rasse, ▶ ethnischer Herkunft, ▶ Religion oder Weltanschauung, ▶ Behinderung oder ▶ sexueller Veranlagung ausgrenzen?	
War der Bewerberfragebogen benachteiligungsfrei?	
Waren die Einstellungsentscheidungen auf rein objektive Kriterien gestützt?	
Ist das Absageschreiben neutral abgefasst oder lässt es zum Beispiel erkennen, dass man sich für einen Kandidaten des anderen Geschlechts entschieden hat?	
Gibt es Konzepte oder Leitfäden im Unternehmen, nach denen die Personalentscheidungen diskriminierungsfrei getroffen werden können?	
Wie lauten die dokumentierten Gründe, die zu einer Personalentscheidung geführt haben?	
Wurden Führungskräfte und Mitarbeiter dahin gehend geschult, dass sie Diskriminierung verhindern bzw. sich dagegen wehren können?	
Wurden Sie als neu eingestellter Arbeitnehmer sofort darüber unterrichtet, wo und wie die Beschwerdestelle zu erreichen ist?	

Diese Papiere müssen Sie mitbringen

Der Arbeitgeber kann verlangen, dass Sie die folgenden Arbeitspapiere vorlegen:

▸ Lohnsteuerkarte,

▸ Sozialversicherungsausweis,

▸ Kindergeldbescheinigung,

▸ Bescheinigung über den im laufenden Kalenderjahr bereits gewährten oder abgegoltenen Urlaub (Urlaubsbescheinigung),

▸ Unterlagen für vermögenswirksame Leistungen,

▸ Arbeitsbescheinigung, die von einem früheren Arbeitgeber bei Ende des Arbeitsverhältnisses ausgestellt wurde,

▸ Arbeits- oder Abschlusszeugnis,

▸ Gesundheitsbescheinigung (bei Jugendlichen),

▸ Arbeitsgenehmigung (bei ausländischen Arbeitnehmern aus Nicht-EU-Staaten).

Kümmern Sie sich rechtzeitig – also schon in der Bewerbungsphase – darum, dass Sie alle notwendigen Unterlagen zur Hand haben.

!

Achtung

In einigen Branchen gelten Besonderheiten. So muss zum Beispiel im Baugewerbe die Lohnnachweiskarte für den Urlaub und in der Lebensmittelbranche ein Gesundheitszeugnis vorgelegt werden.

Auf den Punkt gebracht

▸ Die Bewerbungsunterlagen sind Ihr Eigentum. Bei einer Absage müssen sie zurückgegeben werden. Fangen Sie als Mitarbeiter im Unternehmen an, werden Ihre Bewerbungsunterlagen in der Personalabteilung zur Personalakte genommen.

▸ Achten Sie darauf, dass Ihre Bewerbungsunterlagen für Personalvermittler und Headhunter einen Sperrvermerk für Ihren derzeitigen Arbeitgeber haben.

▸ Nur wenn Ihnen gekündigt wurde, muss der Arbeitgeber Ihnen freie Zeit zur Stellensuche einräumen, in allen anderen Fällen müssen Sie Urlaub nehmen.

▸ Der Arbeitgeber muss die notwendigen Kosten für das Vorstellungsgespräch übernehmen, es sei denn, er hat die Kostenübernahme vorab ausgeschlossen.

▸ Auf unzulässige Fragen im Bewerbungsgespräch oder im Fragebogen dürfen Sie mit einer Lüge antworten.

▸ Wenn das Bewerbungsverfahren nicht diskriminierungsfrei abläuft, können Sie unter Umständen Schadenersatz geltend machen.

Was und wie Sie im Vorstellungsgespräch verhandeln

Nach dem ersten Vorstellungsgespräch wird meistens nur die Entscheidung getroffen, ob der Bewerber überhaupt für die ausgeschriebene Position geeignet ist. In aller Regel werden die grundsätzlichen Bedingungen für das Arbeitsverhältnis abgeklopft:

▶ Befristung oder nicht,

▶ Bereitschaft zur Reisetätigkeit,

▶ Schichtarbeit, Teilzeitarbeit,

▶ grobe Einschätzung der Gehaltsvorstellung.

Konkrete Einzelheiten, die im Arbeitsvertrag später geregelt sind, werden im ersten Gespräch meistens ausgeklammert. Es bleibt Ihnen natürlich unbenommen, jeden weiteren Punkt, der Ihnen vielleicht besonders am Herzen liegt, gleich im ersten Gespräch zur Sprache zur bringen. Hier sollten Sie allerdings darauf achten, dass Ihre Frage nicht falsch interpretiert wird.

Wenn feststeht, dass Sie unter den geeigneten Kandidaten sind, geht es im zweiten Vorstellungsgespräch regelmäßig um die Details. Das wären unter anderem folgende Punkte:

▶ Gehalt,

▶ Einstellungstermin,

▶ Urlaubsregelung,

▶ Arbeitszeiten,

▸ Probezeit,

▸ Provisionen und sonstige Gehaltsbestandteile,

▸ Dienstwagen,

▸ Kündigungsfristen usw.

Praxis-Tipp

Achten Sie darauf, dass Ihr zweites Gespräch nicht zu früh in der arbeitsrechtlichen Ecke landet. Diese Dinge sollten Sie erst im letzten Drittel des Gesprächs klären. Die ersten beiden Drittel sollten Sie noch dazu nutzen, Ihr Gegenüber von sich zu überzeugen.

Die grundsätzlichen Fragen sollten in aller Regel jedoch bereits im ersten Gespräch vom Arbeitgeber angesprochen werden. Ist das nicht der Fall, dann sprechen Sie die Punkte an, wenn aus Ihrer Sicht Unklarheiten bestehen:

▸ Wie ist mein Status? Freier Mitarbeiter oder angestellt?

▸ Befristung oder nicht?

▸ Wann soll es losgehen?

▸ Gehalt: Was ist für mich drin?

Freie Mitarbeit oder Festanstellung?

Bevor Ihnen ein Vertrag vorgelegt wird, sollten Sie klären, ob es überhaupt um einen Arbeitsvertrag geht. Nicht immer bietet ein Unternehmen einen Arbeitsplatz im klassischen Sinne an. Wenn Sie den Verdacht haben, es könnte sich auch um ein freies Mitarbeiterverhältnis handeln, dann sollten Sie an dieser Stelle nachhaken. Die arbeitsrechtlichen Sonderregeln, die in aller Regel dem Schutz des Arbeitnehmers dienen, sind nur im Rahmen eines Arbeitsverhältnisses anwendbar. Für ein freies Mitarbeiterverhältnis müssten Sie anders verhandeln, da ein freier Mitarbeiter zum Beispiel nicht darauf bestehen kann, dass man ihm den gesetzlichen Mindesturlaub nach dem Bundesurlaubsgesetz (BUrlG) gewährt oder Entgeltfortzahlung im Krankheitsfalle leistet. Das ginge zu Ihren Lasten und muss sich deshalb in der Vergütung niederschlagen. Anders werden Sie die Risiken der freiberuflichen Arbeit nicht tragen können.

Das Arbeitsverhältnis unterscheidet sich von einem freien Dienstverhältnis durch den Grad der persönlichen Abhängigkeit desjenigen, der die Arbeit leistet. Arbeitnehmer ist nur derjenige, der in den Betrieb eines anderen eingegliedert ist und sich hinsichtlich Zeit, Dauer, Ort und Inhalt der Ausführung an die Weisungen des Arbeitgebers halten muss.

Achtung

Es kommt nicht auf die Bezeichnung des Vertrages an. Die Frage, ob jemand als Arbeitnehmer oder als freier Mitarbeiter beschäftigt wird, richtet sich allein danach, wie die Vertragsbeziehung tatsächlich durchgeführt wird. Werden Sie abhängig beschäftigt und Ihr Vertrag trägt die Überschrift „Vertrag für ein freies Mitarbeiterverhältnis", dann liegt tatsächlich ein Arbeitsverhältnis vor.

Befristung oder nicht?

Bei einem Arbeitsverhältnis handelt es sich um ein Dauer-schuldverhältnis. Deshalb ist der Standard auch ein Arbeits-vertrag, der auf unbestimmte Zeit abgeschlossen wird. Es kann aber sein, dass man Ihnen zunächst einen befristeten Arbeitsvertrag anbietet, der unter bestimmten Voraus-setzungen wirksam vereinbart werden kann. Zulässigkeit, Abschluss, Inhalt und Beendigung befristeter Arbeits-verträge regelt das Teilzeit- und Befristungsgesetz (TzBfG).

> **Achtung**
> Ob ein befristeter Arbeitsvertrag wirksam zustande gekommen ist, liegt allein in der Verantwortung des Arbeitgebers. Nachlässigkeiten bei der Schriftform, fehlende Befristungsgründe usw. führen stets dazu, dass sich Ihr vermeintlich befristetes Arbeitsverhältnis automatisch in ein unbefristetes umwandelt.

Die Befristung eines Arbeitsvertrages ist nur wirksam, wenn sie schriftlich vereinbart wurde. Eine mündliche Be-fristungsvereinbarung oder Verlängerung führt dazu, dass der Vertrag als unbefristet abgeschlossen gilt. Ein be-fristeter Arbeitsvertrag endet in der Regel ohne Kündigung. Er kann nur dann ordentlich (fristgemäß) gekündigt werden, wenn dies zwischen den Arbeitsvertragsparteien vereinbart ist. Es gelten dafür keine Besonderheiten. Wie beim unbefristeten Vertrag können zum Beispiel die gesetzlichen Kündigungsfristen vereinbart werden oder auch längere, im Unternehmen übliche Fristen.

! Achtung

Prüfen Sie, ob in Ihrem befristeten Arbeitsvertrag unter dem Punkt „Beendigung" oder „Kündigung" geregelt ist, dass eine ordentliche Kündigung möglich ist. Beispiel: „… Der Arbeitsvertrag kann (nach Ablauf der Probezeit) von jeder Vertragspartei unter Einhaltung einer Frist von vier Wochen zum 15. oder zum Ende eines Kalendermonats gekündigt werden." In einem solchen Fall können Sie sich nicht unbedingt darauf verlassen, dass Ihnen dieses Arbeitsverhältnis bis zum vereinbarten Befristungstermin sicher ist. Man kann Ihnen in der Zwischenzeit kündigen.

Das Arbeitsverhältnis kann für eine bestimmte Dauer oder bis zu einem bestimmten Zeitpunkt abgeschlossen werden (Zeitbefristung) oder es ergibt sich eine Befristung aufgrund der Art, des Zweckes oder der Beschaffenheit der Arbeitsleistung (Zweckbefristung).

Beispiel „Zeitbefristung"

Arbeitgeber und Arbeitnehmer schließen einen Arbeitsvertrag mit einer Vertragsdauer vom 1.4.2008 bis 31.12.2008.

Bei einer Zweckbefristung ist das Ende des Arbeitsverhältnisses nicht kalendermäßig bestimmbar, sondern hängt vom Eintritt eines Ereignisses ab. Der Eintritt dieses Ereignisses ist sicher, nur der Zeitpunkt ist ungewiss.

Beispiel „Zweckbefristung"

Arbeitgeber und Arbeitnehmer schließen einen Arbeitsvertrag für die Dauer eines Projektes oder für die Dauer der Krankheit eines bestimmten Arbeitnehmers. Achten Sie darauf, dass der Zeitraum einigermaßen eingrenzbar ist. Nur so können Sie Ihre weitere berufliche Entwicklung planen.

Bei einer Zweckbefristung endet das Arbeitsverhältnis aber nicht automatisch mit der Zweckerreichung. Der Arbeitgeber muss Sie schriftlich über die Zweckerreichung unterrichten. Nach Zugang der Erklärung besteht das Arbeitsverhältnis noch zwei weitere Wochen, bevor es endet.

Befristung mit sachlichem Grund

Das Grundprinzip lautet: Jede Befristung eines Arbeitsvertrages muss durch einen sachlichen Grund gerechtfertigt sein. Ein sachlicher Befristungsgrund liegt nach § 14 Abs. 1 TzBfG zum Beispiel vor, wenn

▸ der betriebliche Bedarf an der Arbeitsleistung nur vorübergehend besteht,

▸ die Befristung im Anschluss an eine Ausbildung erfolgt,

▸ der Übergang des Arbeitnehmers in eine Anschlussbeschäftigung erleichtert werden soll,

▸ der Arbeitnehmer zur Vertretung eines anderen Arbeitnehmers beschäftigt wird,

▸ die Eigenart der Arbeitsleistung die Befristung rechtfertigt,

▸ die Befristung zur Erprobung erfolgt,

▸ in der Person des Arbeitnehmers liegende Gründe die
  Befristung rechtfertigen usw.

Die vorstehende Aufzählung der sachlichen Befristungs-
gründe ist nicht abschließend. Darüber hinaus kommen
weitere, im Gesetz nicht genannte, sachliche Gründe für
eine Befristung in Betracht. Im Vertrag muss vor allem der
Befristungsgrund schriftlich festgehalten werden.

> ### Musterformulierung „Befristung"
>
> *§ (…) Befristung*
> *Der Arbeitnehmer wird für die Zeit vom … bis … zum Bau*
> *des Gebäudes … eingestellt. Die Befristung erfolgt, weil*
> *der betriebliche Bedarf an der Arbeitsleistung nur vorüber-*
> *gehend besteht.*
> *oder*
> *Das Arbeitsverhältnis wird befristet abgeschlossen für die*
> *Dauer der Abwesenheit des Arbeitnehmers … wegen*
> *(Krankheit, Elternzeit usw.). Es endet daher spätestens mit*
> *der Rückkehr des Arbeitnehmers …, voraussichtlich am … .*
> *Der Arbeitgeber wird das Beendigungsdatum dem Arbeit-*
> *nehmer mitteilen, sobald das endgültige Datum der Rück-*
> *kehr feststeht.*

Befristung ohne sachlichen Grund

Ohne Vorliegen eines sachlichen Grundes kann man Sie
nur befristet einstellen, wenn Sie zum ersten Mal für dieses
Unternehmen tätig werden. Es muss sich also um eine
Neueinstellung handeln. Die Höchstdauer für eine solche
erleichterte Befristung beträgt zwei Jahre. Bis zur Höchst-
befristungsdauer sind bis zu drei Verlängerungen möglich.

> *Musterformulierung*
> *„Befristung ohne sachlichen Grund"*
>
> *§ (...) Befristung ohne sachlichen Grund*
> *Das Arbeitsverhältnis wird gemäß § 14 Abs. 2 TzBfG befristet für den Zeitraum von ... bis ..., d. h. für die Laufzeit von ... (Jahren, Monaten) abgeschlossen.*

Eine unwirksame Befristung eines Arbeitsvertrages führt zu einem unbefristeten Arbeitsverhältnis. Ein unbefristeter Arbeitsvertrag entsteht auch, wenn der befristete Arbeitsvertrag über das vereinbarte Ende hinaus fortgesetzt wird und der Arbeitgeber nicht unverzüglich widerspricht.

Wann soll es losgehen?

Ob Sie den Einstellungstermin ansprechen wollen, ist Geschmacksache. Das kann etwas voreilig wirken, denn im ersten Gespräch hat man ja auf Arbeitgeberseite nicht einmal die Entscheidung getroffen, ob Sie überhaupt für die ausgeschriebene Position in Frage kommen. Andererseits zeigt die Frage auch Umsicht und Voraussicht. Womöglich haben Sie eine sehr lange Kündigungsfrist und der potenzielle Arbeitgeber ist froh, dass Sie ihn darauf aufmerksam machen? Jedenfalls ist der Einstellungstermin eine Sache, die aus dem Arbeitsvertrag klar hervorgehen muss. Der Arbeitgeber verlässt sich darauf, dass ab einem bestimmten Zeitpunkt die vereinbarte Leistung erbracht wird. Umgekehrt haben Sie einen Anspruch darauf, ab diesem Zeitpunkt beschäftigt und nach Erbringung der Leistung bezahlt zu werden.

Musterformulierung
„Beginn des Arbeitsverhältnisses"

§ (...) Beginn des Arbeitsverhältnisses
Das Arbeitsverhältnis beginnt am ... .
oder:
Der Arbeitnehmer wird mit Wirkung vom ... eingestellt.

Häufig ist in der Vorstellungsphase und bei Erstellung des Arbeitsvertrages noch nicht klar, wann das Arbeitsverhältnis beginnen soll. Das ist vor allem immer dann der Fall, wenn der Arbeitgeber den Bewerber so schnell wie möglich beschäftigen will, der Arbeitnehmer aber in einem Arbeitsverhältnis steht und bestimmte Kündigungsfristen einhalten muss. Die Beteiligten vereinbaren in diesen Fällen oft, dass der Arbeitnehmer versuchen soll, ohne oder mit einer kürzeren Kündigungsfrist das Arbeitsverhältnis zu verlassen. Sollte dies nicht gelingen, muss man sich für den Beginn des Arbeitsverhältnisses an der Kündigungsfrist bei dem bisherigen Arbeitgeber orientieren. Für den Fall, dass Sie bei den Vertragsverhandlungen den genauen Zeitpunkt noch nicht zusichern können, bietet sich folgende Lösung an:

Musterformulierung
„Beginn des Arbeitsverhältnisses"

§ (...) Beginn des Arbeitsverhältnisses
Das Arbeitsverhältnis beginnt am ... . Falls der Arbeitnehmer nicht, wie von den Vertragsparteien beabsichtigt, sein noch existierendes Arbeitsverhältnis vorzeitig beenden kann, verändert sich der Beginn des Arbeitsverhältnisses entsprechend. Das Arbeitsverhältnis beginnt jedoch spätestens am ... .

Gehalt: Was ist für Sie drin?

Im Bewerbungsgespräch muss über die Höhe des Gehaltes verhandelt werden. Meist wird dies nicht im ersten Gespräch der Fall sein. Hier will man allenfalls eine „Hausnummer" von Ihnen hören. Für Ihre Antwort gilt der Grundsatz: Weder falsche Bescheidenheit noch überzogene Forderungen bringen Sie weiter!

So verhandeln Sie richtig

Gehaltsverhandlungen gehen auf Arbeitnehmerseite häufig mit einem unangenehmen Gefühl einher. Die Freude, kurz vor einem Vertragsabschluss zu stehen, ist groß. Gleichzeitig fürchtet man das Thema Gehalt, weil man, auf der Zielgerade angekommen, nicht die Chance doch noch verspielen möchte. Viele Bewerber starten auch resigniert in die Verhandlung, weil Sie meinen, ohnehin keinen Verhandlungsspielraum zu haben.

In Gehaltssachen sollte man zwar nicht „zu dick" auftragen, aber dennoch muss man mit der Sprache raus. Viele Personaler warten förmlich darauf, hieran das „Selbstbewusstsein" und „Selbstwertgefühl" des Bewerbers ablesen zu können. Einen Verhandlungsspielraum gibt es außerdem immer. Erstens kommt der Verantwortliche nicht mit einer in Stein gemeißelten Zahl ins Gespräch, sondern hat in aller Regel einen Rahmen, in dem er sich bewegen möchte. Zweitens hat noch jedes Unternehmen diesen Rahmen nach oben ausgeweitet, wenn es einen Kandidaten unbedingt haben wollte.

Bereiten Sie sich richtig vor

Sie müssen Ihren Preis kennen. Diesen bringen Sie aber nur in Erfahrung, wenn Sie sich genau vorbereiten und alle wesentlichen Komponenten in Ihre Entscheidung einfließen lassen.

1. Bringen Sie zunächst in Erfahrung, ob es einen Tarifvertrag gibt. Ein solcher wird in der Regel immer Anhaltspunkte für die Bezahlung liefern, selbst wenn es in Ihrem Fall um eine außertarifliche Stelle geht.

Praxis-Tipp

Die allgemeinverbindlichen Tarifverträge finden Sie unter www.bmas.de

2. Erkundigen Sie sich, welche Löhne bzw. Gehälter im Unternehmen und in der Branche üblich sind. Vielleicht kennen Sie sogar einen Mitarbeiter des Unternehmens, der Ihnen Auskunft geben kann? Wenn Sie aus der Branche kommen, haben Sie sicher bereits gewisse Anhaltspunkte aufgrund Ihrer Branchenkenntnisse.

3. Fassen Sie in einer Liste Ihre sämtlichen Kenntnisse und Qualifikationen zusammen, mit denen Sie im Gespräch Anreize schaffen können.

4. Überlegen Sie sich Formulierungen, mit denen Sie zum Ausdruck bringen können, dass Sie die Erwartungen voll und ganz erfüllen werden.

Stärken und Schwächen analysieren

Prüfen Sie anhand der folgenden Checkliste Ihre Fähigkeiten. Stellen Sie fest, dass Ihre Stärken genau dem Stellenprofil entsprechen, das man Ihnen von der zu besetzenden Position gegeben hat, dann werden Sie die Gehaltsfrage selbstbewusst klären können.

Checkliste „Stärken und Schwächen"	
Sind Sie gut ausgebildet?	✓
Können Sie Berufserfahrung aufweisen?	
Haben Sie spezielle Branchenkenntnisse?	
Waren Sie vielleicht sogar bei einem direkten Konkurrenzunternehmen beschäftigt, sodass Ihre bisherigen Erfahrungen für den neuen Arbeitgeber von besonderem Wert sind?	
Können Sie besondere Erfolge in Ihrem bisherigen Werdegang vorweisen?	
Sind Sie engagiert?	
Erreicht Ihre Arbeit einen hohen Qualitätsstandard?	
Sind Sie belastbar?	
Sind Sie eigeninitiativ?	
Sind Sie teamfähig?	
Treten Sie sicher auf?	
Sind Sie leistungsfähig?	
Sind Sie kommunikationsfähig?	

! ■ Praxis-Tipp

Wenn Sie merken, dass sich Ihre Vorstellungen nicht ohne Weiteres realisieren lassen, dann machen Sie Ihrem potenziellen Arbeitgeber ein Angebot: Sie begnügen sich in der Probezeit mit einem geringeren Gehalt. Geben Sie aber auch zu verstehen, dass Sie die Erwartungen erfüllen werden, und dass das Gehalt deshalb nach der Probezeit Ihren Vorstellungen entsprechen sollte. Im besten Fall können Sie darauf bestehen, dass das höhere Gehalt bereits in den Vertrag aufgenommen wird.

Wenn die Verhandlungen in Sachen Geld „zäh" verlaufen, können Sie von Ihren Vorstellungen auch abweichen und Alternativen, beispielsweise Einmalzahlungen, anbieten. Manche Arbeitgeber sind froh darüber, da diese nicht jeden Monat die Payroll belasten.

! ■ Achtung

Qualität hat ihren Preis: Das weiß auch Ihr Verhandlungspartner. Wenn Sie sich „unter Wert verkaufen", wird man sofort an Ihren Fähigkeiten und Ihrem Können zweifeln. Für das Selbstbewusstsein behalten Sie sich im Hinterkopf: Wenn man sich Ihre Einstellung zu angemessenen Konditionen nicht leisten könnte, hätte man Sie gar nicht zu einem Vorstellungsgespräch eingeladen.

Prüfen Sie, ob der Arbeitgeber bereit ist, eines oder mehrere der folgenden Gehaltsextras oben draufzulegen oder anstelle einer anderen Forderung zu zahlen.

Checkliste „Gehaltsbestandteile"	
Arbeitskleidung	✓
Einkaufsrabatte, Belegschaftrabatte	
Essenszuschuss, Essensbons	
Fahrtkostenzuschuss	
Firmenwagen mit Privatnutzung	
Kindergartenzuschuss	
Kostenübernahme für Fort- und Weiterbildungsangebote	
Telefon, Handy, Laptop usw. mit unentgeltlicher Privatnutzung	
Umzugskostenerstattung	
Vermögenswirksame Leistungen	
Zuschuss zur Direktversicherung	

Ihr Wert wird steigen

Wer seinen Arbeitsplatz wechseln möchte, hat es etwas leichter im Vergleich zu den Einsteigern oder Rückkehrern. Für diese ist die Bestimmung des eigenen Marktwertes meistens nicht ganz einfach. Wer „gekonnt" wechselt, kann mit 10 bis maximal 20 Prozent mehr Einkommen rechnen. Kritisch wird es meistens dann, wenn Sie im Vorstellungsgespräch gefragt werden, was Sie derzeit verdienen. Hier kommt es darauf an, nicht zu viel preiszugeben. Für den potenziellen Arbeitgeber ist Ihr derzeitiger Preis schließlich auch ein Richtwert – und Sie wollen ja mehr verdienen.

! Praxis-Tipp

Wenn Sie Ihr derzeitiges Gehalt lieber verschweigen möchten, dann verweisen Sie auf Ihren Arbeitsvertrag, in dem Sie unterschrieben haben, dass Sie Stillschweigen bezüglich der Bezahlung wahren. Bitten Sie um Verständnis dafür, dass Sie nicht dagegen verstoßen möchten.

Um sich auf die Gehaltsfrage vorzubereiten, sollten Sie sich selbst (am besten schriftlich) diese Fragen beantworten. Ihre Ziele haben Sie damit klar formuliert.

Checkliste „Vorbereitung auf die Gehaltsverhandlung"	
Welches Brutto- bzw. Nettoeinkommen streben Sie (jährlich und monatlich) an? Was rechtfertigt diesen Betrag?	✓
Wie hoch ist Ihr derzeitiger Brutto- bzw. Nettoverdienst (jährlich und monatlich)?	
Was kostet Ihre Beschäftigung den Arbeitgeber (Bruttogehalt + Arbeitgeberleistungen zur Sozialversicherung, Sonderzahlungen)?	
Welche Differenz liegt zwischen Ihrem derzeitigen und - dem angestrebten Brutto- bzw. Nettoverdienst?	
Wie erklärt sich dieser Unterschied aus Ihrer Sicht?	
Wodurch wird eine gehaltsmäßige Verbesserung gerechtfertigt?	
Welchen Gewinn bringen Sie Ihrem neuen Arbeitgeber?	

So vermeiden Sie Verhandlungsfehler

Machen Sie sich bewusst, dass man Sie gerade beim Verhandeln der Gehaltsfrage genau beobachten wird. Allgemeines Auftreten und Gesprächsführung werden sicher zur Entscheidung beitragen. Zeigen Sie sich daher weder zu draufgängerisch noch zu schüchtern und vermeiden Sie die fünf Todsünden:

1. Ziehen Sie keine Vergleiche! Wer den Vergleich mit der Bezahlung auf vergleichbarer Position bei der Konkurrenz heranzieht, wird scheitern. Hier drängt sich sofort der Gedanke auf, dass es Ihnen an der notwendigen Verschwiegenheit fehlt. Außerdem wirkt ein solcher Vergleich neidisch und unsympathisch.

Praxis-Tipp

Auf tarif- bzw. branchenübliche Durchschnittslöhne und -gehälter können Sie hingegen hinweisen. Das lässt erkennen, dass Sie gut vorbereitet sind.

2. Versuchen Sie nie, den potenziellen Arbeitgeber unter Druck zu setzen. Der Hinweis, er möge sich mit der Entscheidung beeilen, weil Sie sonst bei der Konkurrenz unterschreiben, wird Ihnen auf jeden Fall keine Pluspunkte einbringen.

3. Aggressionen sind völlig fehl am Platz. Auch wenn man Sie gerade bei der Gehaltsfrage aus der Reserve locken will, bleiben Sie sanft. Fragen Sie ruhig und sachlich nach den Gründen, warum das Angebot des Arbeitgebers soweit hinter Ihren Vorstellungen zurückbleibt.

4. Zeigen Sie sich weder unterwürfig noch unsicher. Das wirkt auf Ihr Gegenüber so, als wären Sie selbst von Ihrer Gehaltsvorstellung nicht überzeugt.

5. Lassen Sie Argumente außen vor, die nichts mit dem Unternehmen zu tun haben. Begründen Sie zum Beispiel Ihre Gehaltsforderung nicht mit den gestiegenen Lebenshaltungskosten oder einem Kredit, den Sie abzuzahlen haben. Für all das kann Ihr Arbeitgeber nichts und wird sich deshalb auch nicht erkenntlich zeigen. Nur Ihre Fähigkeiten und Kenntnisse werden ihn überzeugen können.

Auf den Punkt gebracht

▸ Befristungen müssen immer schriftlich vereinbart werden. Unter bestimmten Umständen ist eine Befristung auch ohne sachlichen Grund möglich.

▸ Im Arbeitsvertrag muss der Beginn des Arbeitsverhältnisses genannt werden. Mit diesem Tag entstehen der Anspruch auf die Arbeitsleistung sowie der Anspruch auf Beschäftigung.

▸ Im ersten Bewerbungsgespräch wird man von Ihnen wahrscheinlich nur eine grobe Gehaltsvorstellung hören wollen. Im zweiten Gespräch sollten Sie aber in Sachen Gehalt Ihren Preis genau kennen und Ihre Qualitäten in den Vordergrund stellen.

▸ Grundsätzliche Faktoren wie eine Befristung oder den geplanten Einstellungstermin können Sie bereits im ersten Vorstellungstermin ansprechen.

So checken Sie Ihre Vertrags-
bedingungen

Durch einen Arbeitsvertrag (§ 611 BGB) verpflichtet sich der Arbeitnehmer, dem Arbeitgeber gegenüber bestimmte Dienste – also Arbeitsleistungen – dauerhaft zu erbringen. Im Gegenzug werden diese mit einem entsprechenden Geldbetrag vergütet. Ihnen steht es frei, ob Sie ein Arbeitsverhältnis eingehen wollen; ebenso ist es dem Arbeitgeber überlassen, ob er einen Bewerber einstellt. Es gibt keinen Anspruch auf Abschluss eines Arbeitsvertrages.

Auf einen Arbeitsvertrag findet das allgemeine Zivilrecht Anwendung. Das Arbeitsrecht hat sich aber im Laufe der Jahre zu einem Sonderrecht entwickelt und die allgemeinen Regeln des Zivilrechts werden häufig modifiziert oder außer Kraft gesetzt. Das Arbeitsrecht stellt zum Schutz des Arbeitnehmers Regeln auf, um das ungleiche Stärkenverhältnis zwischen Arbeitgeber und Arbeitnehmer zu relativieren.

Das Arbeitsverhältnis ist ein sogenanntes Dauerschuldverhältnis, das anders als zum Beispiel bei einem Kaufvertrag nicht auf den einmaligen Austausch einer bestimmten Leistung, sondern auf ein ständiges Geben und Nehmen angelegt ist. Die Eigenart einer solchen Dauerbeziehung erfordert eine Reihe spezieller Regelungen. Außerdem wurden für die Besonderheiten des Arbeitslebens vielfältige arbeitsrechtliche Sonderregeln entwickelt, wie zum Beispiel das Kündigungsrecht, die Regelungen über den Urlaub oder die Entgeltfortzahlung im Krankheitsfall usw.

All diese Punkte werden in einem Arbeitsvertrag konkretisiert und stellen die Grundlage für das Arbeitsverhältnis dar. Daher sollten Sie das rechtlich Mögliche kennen, um genau zu wissen, was Sie unterschreiben.

! **Praxis-Tipp**

Ein fairer Arbeitgeber sendet Ihnen den Vertrag nach Hause und gewährt Ihnen einen angemessenen Zeitraum, um das Dokument zu studieren. Danach sollten Sie die Möglichkeit haben, in einem weiteren Gespräch, etwaige Änderungswünsche besprechen zu können. Unterschreiben Sie nie einen ungeprüften Arbeitsvertrag in Eile oder unter Druck.

Die Vertragsfreiheit hat ihre Grenzen

Auch im Arbeitsrecht gilt der Grundsatz der Vertragsfreiheit – und zwar sowohl hinsichtlich der Frage, ob und mit wem ein Vertrag geschlossen wird, als auch hinsichtlich des Inhalts des Vertrages.

Die Vertragsparteien können den Inhalt ihrer Vereinbarungen zwar frei bestimmen, die Arbeitsbedingungen werden jedoch auch durch gesetzliche Bestimmungen, Tarifverträge, Betriebsvereinbarungen, betriebliche Übungen und das Weisungsrecht des Arbeitgebers beeinflusst.

Achtung

Betriebsvereinbarungen werden vom Arbeitgeber und Betriebsrat für die Belegschaft eines Unternehmens getroffen. Von diesen Regelungen kann nur zugunsten des Arbeitnehmers abgewichen werden. Achten Sie darauf, dass man Ihnen spätestens bei Abschluss des Arbeitsvertrages auch die Betriebsvereinbarungen aushändigt bzw. Ihnen mitteilt, wo sie eingesehen werden können.

Die Gestaltungsfreiheit hinsichtlich der Arbeitsbedingungen ist somit eingeschränkt. Gibt es mehrere Regelungen, die miteinander konkurrieren, wie zum Beispiel ein Arbeitsvertrag, der in einer bestimmten Frage etwas anderes aussagt als die geltende Betriebsvereinbarung, dann kommt das Günstigkeitsprinzip zur Anwendung. Danach setzt sich unter mehreren konkurrierenden Regelungen regelmäßig die für den Arbeitnehmer günstigere durch.

Ihr Anspruch auf etwas „Schriftliches"

Der Arbeitsvertrag kann schriftlich oder mündlich, ausdrücklich oder stillschweigend durch entsprechendes Verhalten entstehen. Wer zum Beispiel für einen anderen arbeitet, in dessen Betrieb eingebunden ist, ein Gehalt bekommt und in den Urlaub geht, hat einen Arbeitsvertrag, weil sich alle Beteiligten entsprechend verhalten. Aus Beweisgründen sollten Sie einen Arbeitsvertrag dennoch immer schriftlich abschließen.

Was mindestens drinstehen muss

Arbeitsverträge werden fast immer vom Arbeitgeber vor-
formuliert und Ihnen lediglich zur Unterschrift vorgelegt.
Insoweit ist der Arbeitgeber bei der inhaltlichen Gestaltung
in einer starken Position. Prüfen Sie daher in einem ersten
Schritt, ob Ihr Arbeitsvertrag alle wesentlichen Punkte enthält. Im Nachweisgesetz (NachwG) hat der Gesetzgeber
nämlich festgelegt, dass zumindest die wesentlichen
Arbeitsbedingungen schriftlich niedergelegt werden
müssen. Man kann also auf den typischen Arbeitsvertrag
verzichten und eine Niederschrift anfertigen. Da man um
diese Minimallösung ohnehin nicht herumkommt, wird
man Ihnen in aller Regel einen Arbeitsvertrag vorlegen.

Checkliste „Das muss im Arbeitsvertrag geregelt werden"	
Bezeichnung der Vertragsparteien (Name und Anschrift)	✓
Beginn des Vertragsverhältnisses	
Befristungsdauer, sofern vereinbart	
Arbeitsort oder Hinweis darauf, dass der Arbeitnehmer an verschiedenen Orten tätig ist	
Tätigkeitsbezeichnung und kurze Beschreibung	
Höhe der Vergütung und Angabe aller Zuschläge, Zulagen, Prämien, Sonderzahlungen unter Angabe der Fälligkeiten	
Arbeitszeit	
Urlaubsdauer	
Kündigungsfristen	
Hinweis auf Kollektivvereinbarungen (Tarifverträge und Betriebsvereinbarungen), die Anwendung finden	

Wichtig: Schließt man mit Ihnen den Vertrag nur per Handschlag und missachtet somit die Vorschriften des NachwG, dann bleibt der mündlich zustande gekommene Vertrag trotzdem wirksam.

Achtung

Händigt man Ihnen nicht einmal eine Niederschrift aus, so kann dies Schadenersatzansprüche auslösen. Wissen Sie zum Beispiel nichts von einem gültigen Tarifvertrag und erleiden dadurch einen Schaden, können Sie diesen ersetzt verlangen.

Vorsicht Allgemeine Geschäftsbedingungen

Der Gesetzgeber hat entschieden, die Klauseln eines Arbeitsvertrages weitgehend wie Allgemeine Geschäftsbedingungen zu behandeln. Das gilt zumindest für die vom Arbeitgeber vorformulierten Arbeitsverträge. Verstoßen eine oder mehrere Klauseln des Arbeitsvertrages gegen die §§ 305 ff. BGB, so sind diese Klauseln unwirksam. Der Gesetzgeber will so unangemessene Benachteiligungen des Arbeitnehmers vermeiden. Die Klauseln in Ihrem Arbeitsvertrag halten vor allem dann einer AGB-Kontrolle stand, wenn die folgenden Grundsätze beachtet wurden:

▸ Die verwendeten Klauseln müssen eindeutig sein.

▸ Die Vertragsklauseln müssen klar und verständlich formuliert sein. Eine unangemessene Benachteiligung kann sich schon daraus ergeben, dass eine Vertragsbestimmung nicht verständlich ist (Transparenzgebot).

▸ Die Klauseln dürfen nicht überraschend sein. Regelungen, die zum Beispiel nach dem äußeren Erscheinungsbild des Vertrages so ungewöhnlich sind, dass der Arbeitnehmer mit ihnen nicht rechnen muss, werden nicht Bestandteil des Arbeitsvertrages (Überraschungsverbot).

Überraschende Ausschlussklausel

In einem Arbeitsvertrag heißt es unter § 12 Verschiedenes: „Die Betriebsordnung ist vollinhaltlich Bestandteil dieses Vertrages. Der Arbeitnehmer bestätigt mit der Vertragsunterzeichnung, die Betriebsordnung erhalten zu haben." Die Betriebsordnung wiederum enthält unter der Überschrift „Lohnabrechnung" eine Ausschlussfrist. Nach dieser müssen Ansprüche spätestens innerhalb von drei Monaten nach Beendigung des Arbeitsverhältnisses geltend gemacht werden, da sie ansonsten verfallen.

Folge: Die Ausschlussklausel in der Betriebsordnung ist nicht Vertragsinhalt geworden, weil es sich um eine überraschende Klausel handelt. Bereits die Vertragsbestimmung, welche die Betriebsordnung zum Vertragsbestandteil erklärt, steht unter der Überschrift „Verschiedenes" an versteckter Stelle und ist damit unwirksam.

Bedenken Sie bei der Überprüfung Ihres Arbeitsvertrages stets: Laut Gesetz geht jeder Zweifel bei der Auslegung von Arbeitsvertragsklauseln ausdrücklich zulasten des Arbeitgebers.

Der Aufbau des Arbeitsvertrages folgt einem Schema

Der Einstieg in einen Arbeitsvertrag erfolgt stets über das Vertragsrubrum und – wenn das gewünscht wird – über eine Präambel. Danach folgt der Hauptteil des Vertrages mit den einzelnen Klauseln. Zum Schluss beenden die Unterschriften der Vertragsparteien das Dokument.

> **Achtung**
> Der gesamte Vertragsinhalt muss verständlich erfasst werden, sodass auch ein unbeteiligter Dritter in der Lage wäre, die Vertragskonditionen zu verstehen.

Es gibt keine strenge Vorgaben, nach denen ein Arbeitsvertrag aufgebaut werden muss. Häufig wird man Ihnen aber einen „Grundmustervertrag" vorlegen, der im ersten Teil nur die Klauseln enthält, die für jedes Arbeitsverhältnis im Unternehmen gelten. Im zweiten Teil wird der Vertrag mit den Klauseln ergänzt, die individuell für Sie und Ihr Arbeitsverhältnis von Bedeutung sind.

1. Zwingend notwendige Vertragsbestandteile (NachwG)	
Rubrum (Name und Anschrift der Vertragsparteien)	✓
Beginn der Tätigkeit	
Dauer der Beschäftigung und ggf. Grund der Befristung	
Tätigkeitsbeschreibung	
Arbeitsort	
Arbeitszeit	

2. Bei Bedarf empfehlenswerte Vertragsbestandteile	
Probezeit	✓
Kündigungsfrist während der Probezeit	
Entgeltfortzahlung bei Arbeitsverhinderung und Arbeitsunfähigkeit	
Mitteilungs- und Nachweispflicht bei Arbeitsverhinderung und Arbeitsunfähigkeit	
Urlaubsgeld	
Reisekosten, Spesen	
Nebentätigkeit, Ehrenamt	
Verschwiegenheitspflicht	
Herausgabepflichten	
Vertragsstrafenabreden	
Datenschutz	
Schriftform für Vertragsänderungen	
Diensterfindungen	
Ausschlussklauseln	
Abtretungen und Pfändungen	
Überlassung von Arbeitsmitteln	
Nachvertragliches Wettbewerbsverbot	
Salvatorische Klausel	

Arbeitsverträge werden oft mit Anlagen erweitert, die ebenso Gegenstand bzw. wesentlicher Bestandteil des Vertrages sein sollen.

3: Vertragsbestandteile, die üblicherweise Gegenstand einer Anlage sind	
Dienstfahrzeug	✓
Arbeitgeberdarlehen	
Entgeltumwandlung (betriebliche Altersvorsorge)	
Weiterbildungsmaßnahmen	

Prüfen Sie, ob Ihr Vertrag alle besprochenen Punkte enthält. Schauen Sie sich vor allem die Klauseln an, über die noch nicht gesprochen wurde und prüfen Sie, ob sie Ihren Vorstellungen entsprechen oder ob etwas fraglich ist.

Auf den Punkt gebracht

▸ Auch für Arbeitsverträge gilt die Vertragsfreiheit. Diese wird jedoch durch Gesetze, Tarifverträge, Betriebsvereinbarungen usw. eingeschränkt. Im Zweifelsfall findet meistens die Regelung Anwendung, die für den Arbeitnehmer günstiger ist.

▸ Auch ein mündlich abgeschlossener Arbeitsvertrag ist wirksam. Aus Beweisgründen sollten Sie aber immer verlangen, dass man Ihnen etwas Schriftliches aushändigt.

▸ Die Arbeitsvertragsklauseln müssen eindeutig, klar und verständlich sein und dürfen für den Arbeitnehmer keine Überraschung beinhalten.

▸ Arbeitsverträge sind meistens wie folgt aufgebaut: Vertragsrubrum – Präambel – Hauptteil – Unterschriften der Vertragspartner.

Die üblichen Klauseln und was sie bedeuten

In diesem Kapitel sollen nun die Vertragsklauseln genauer unter die Lupe genommen werden, die man der Praxis üblicherweise findet. Einige Klauseln betreffen die Mindestbedingungen, die auf jeden Fall geregelt sein müssen. Andere wiederum kommen nur bei Bedarf der Vertragsparteien zum Einsatz.

Um herauszufinden, ob Ihr Arbeitsvertrag günstig für Sie ist oder eher arbeitgeberfreundliche Passagen enthält, müssen Sie zunächst eine Bestandsaufnahme machen. Hinterfragen Sie jede einzelne Klausel, ob sie Ihren Interessen tatsächlich entspricht. In einem zweiten Schritt sollten Sie prüfen, ob eine Nachverhandlung sinnvoll ist.

Vertragsparteien: Mit wem kommen Sie ins Geschäft

Zu Beginn des Arbeitsvertrages wird üblicherweise ein Vertrags-Rubrum aufgenommen, dass die beiden Vertragsparteien und deren Adressdaten benennt. Für Sie ist dies vor allem unter dem Aspekt von Bedeutung, dass Sie wissen müssen, wer Ihnen gegenüber weisungsbefugt ist und wer Ihnen die vereinbarte Vergütung zahlen muss.

!

Achtung
Ohne Ihre Zustimmung kann der im Arbeitsvertrag genannte Arbeitgeber nicht ausgewechselt werden.

> **Betriebsübergang**
>
> *Selbst bei einem Betriebsübergang, der zum Beispiel vorliegt, wenn der Arbeitgeber das Unternehmen verkauft, hat der Arbeitnehmer ein Widerspruchsrecht. Er kann also verhindern, dass sein Arbeitsvertragspartner ohne Weiteres ausgetauscht wird.*

Handelt es sich bei dem Arbeitgeber um eine juristische Person (zum Beispiel eine GmbH), dann werden im Rubrum der Firmenname und der Sitz der Gesellschaft angegeben. Vertreten wird diese Gesellschaft durch den oder die Geschäftsführer. Auch die rechtlichen Vertreter sind schließlich im Rubrum anzugeben.

Achtung

Sie schließen den Arbeitsvertrag als höchstpersönlichen Vertrag ab und müssen die Leistung, zu der Sie sich im Vertrag verpflichten, selbst erbringen. Dies ist zwar einerseits eine Pflicht, andererseits aber auch ein Recht. Denn Sie haben damit auch einen Anspruch darauf, beschäftigt zu werden, solange der Vertrag besteht.

Wozu die Präambel gut ist

In einer Präambel werden in vielen Arbeitsverträgen die Basis-Grundsätze für den Arbeitsvertrag zusammengefasst. Man nutzt die Präambel, um gemeinsame Ziele und Überzeugungen in Worte zu fassen.

Lehrkraft eines katholischen Gymnasiums

Die Präambel eines Arbeitsvertrages, den eine Lehrkraft an einem katholischen Gymnasium erhält, könnte zum Beispiel wie folgt lauten:

„Unter Achtung der freien Entscheidung des Einzelnen sollen alle Tätigkeiten und Unternehmungen den jungen Menschen helfen, ein Leben aus dem Glauben zu führen, sich in der Welt von heute als Christ zu bewähren und in treuer Verbundenheit zur Kirche sich der Botschaft des Evangeliums Jesu Christi verpflichtet zu wissen. Wer einen Arbeitsvertrag mit dem Arbeitgeber abschließt, gibt damit kund, dass er/sie diese Zielsetzungen bejaht und gewissenhaft zu ihrer Verwirklichung beiträgt. Damit werden die Grundsätze der katholischen Glaubens- und Sittenlehre als richtungsweisende Verpflichtung innerhalb und außerhalb des Dienstes anerkannt. ...“

Die Präambel ist ein Vorspruch zum Vertrag, dem keine unmittelbare Rechtserheblichkeit beigemessen wird. Trotzdem: Auch die Präambel gehört zum Vertrag und wird deshalb zur Vertragsauslegung herangezogen, wenn es Streitigkeiten gibt. Ist beispielsweise eine Klausel unklar, kann die Präambel zur Auslegung der Klausel beitragen.

Praxis-Tipp

Lesen Sie auch die Präambel sehr genau, selbst wenn es Ihnen im Moment nicht besonders relevant erscheint. Hier werden oft Aussagen zusammengefasst, die im Laufe eines Arbeitsverhältnisses noch von Bedeutung sein können.

Tätigkeitsbeschreibung: Das werden Ihre Aufgaben sein

Im Arbeitsvertrag muss die Art der Tätigkeit genannt und beschrieben werden. Aus der Tätigkeitsbeschreibung ergeben sich zahlreiche arbeitsrechtliche Konsequenzen.

Achtung

Für die Tätigkeitsbeschreibung gilt der Grundsatz: Je konkreter die Arbeitsleistung des Arbeitnehmers festgelegt ist, desto weniger kann der Arbeitgeber ihn mit anderweitigen Arbeitsaufgaben betrauen. Umgekehrt heißt das aber auch: Je allgemeiner das Aufgabenfeld umschrieben ist, desto vielseitiger kann der Arbeitnehmer eingesetzt werden.

Die Tätigkeitsbeschreibung bildet also den Rahmen für das Weisungsrecht des Arbeitgebers. Dieses kann nur durch eine zulässige Versetzungsklausel erweitert werden.

Drei Abstufungen der Tätigkeitsbeschreibungen

Die folgenden Unterschiede werden bei der Tätigkeitsbeschreibung in aller Regel gemacht.

▸ *Der Arbeitgeber formuliert den Aufgabenbereich präzise (z. B.: „… wird als Finanzbuchhalter, Leiter der Abteilung Konstruktion Kleinteile beschäftigt …"). Oftmals wird zur näheren Ausgestaltung eine Stellenbeschreibung beigefügt. Konsequenz für Sie: Die so konkretisierten Aufgaben müssen Sie erledigen. Der Arbeitgeber hat kein Recht, Ihnen andere Aufgaben zu zuweisen.*

▸ *Wird Ihre Tätigkeit nur fachlich umschrieben (z. B.: „... wird als kaufmännischer Angestellter, Ingenieur, Koch beschäftigt ..."), wird für Ihr Arbeitsverhältnis das gesamte Berufsbild zugrunde gelegt. Konsequenz für Sie: Sie müssen alle Tätigkeiten ausführen, die zu diesem Berufsbild gehören. Als kaufmännischer Angestellter können Sie beispielsweise in jeder kaufmännischen Abteilung eingesetzt werden.*

▸ *Unter der Tätigkeitsbeschreibung im Arbeitsvertrag finden Sie nur einen Sammelbegriff (z. B.: Arbeiter, Helfer, gewerblicher Mitarbeiter usw.). Konsequenz für Sie: Der Arbeitgeber kann Ihnen jede Arbeit nach billigem Ermessen übertragen.*

Achten Sie also darauf, dass Ihre Tätigkeit im Vertrag konkretisiert wird. Wichtig: Eine Klausel, mit der man Sie verpflichten will, jede Art von Arbeit zu verrichten, wäre unwirksam. Die Klausel wäre nicht transparent und Sie wüssten nicht, was Sie erwartet.

Musterformulierung „Tätigkeitsbeschreibung"

§ (...) Art der Tätigkeit
Der Arbeitnehmer wird eingestellt als ... . Zu seinem Aufgabengebiet gehört vor allem ... .

Wenn die Stellenbeschreibung einbezogen wird

Sofern Ihr Arbeitsvertrag auf eine Stellenbeschreibung Bezug nimmt, sollten Sie anhand der folgenden Checkliste prüfen, ob in Ihrer Stellenbeschreibung die wesentlichen Punkte angesprochen werden.

Checkliste „Stellenbeschreibung"	
Bezeichnung der Stelle	✓
Name des Stelleninhabers	
Personalnummer	
Der Stelleninhaber ist … unterstellt.	
Dem Stelleninhaber sind folgende Stellen … unterstellt.	
Ziele der Stelle: Der Stelleninhaber hat seine Aufgaben so wahrzunehmen, dass …	
Aufgaben	
Kompetenzen	
Einzelaufgaben	
Besondere Befugnisse	
Stellvertretung	

Wichtig: Wenn in der Stellenbeschreibung nicht deutlich darauf hingewiesen wird, dass die wichtigsten Aufgaben nur beispielhaft aufgelistet wurden, dann werden Ihre Aufgaben auf die in der Stellenbeschreibung genannten beschränkt.

Musterformulierung
„Einleitung der Stellenbeschreibung"

▸ *Die vom Arbeitnehmer zu erfüllenden Aufgaben sind im Wesentlichen die folgenden: …*

oder

▸ *Die vom Arbeitnehmer zu erbringende Tätigkeit umfasst unter anderem die nachfolgenden Aufgaben: …*

Im Arbeitsvertrag selbst wird üblicherweise auf die Stellenbeschreibung in dieser Form verwiesen:

> *Musterformulierung*
> *„Bezug auf Stellenbeschreibung"*
>
> *§ (...) Art der Tätigkeit*
> *1. Der Arbeitnehmer wird eingestellt als ... .*
> *2. Die Einzelheiten bezüglich der übertragenen Aufgaben bestimmen sich nach der diesem Vertrag als Anlage Nr. ... beigefügten Stellenbeschreibung, die wesentlicher Bestandteil dieses Vertrags ist.*

Achten Sie auf Versetzungsklauseln

Mit einer zulässigen Versetzungsklausel kann der Arbeitgeber sein Weisungsrecht erweitern und wesentliche Vertragsbedingungen ändern. Das gilt zum Beispiel auch für den vereinbarten Tätigkeitsbereich des Arbeitnehmers.

> *Musterformulierung „Versetzungsklausel"*
>
> *§ (...) Art der Tätigkeit*
> *1. ... (wie oben)*
> *2. Der Arbeitgeber ist berechtigt, dem Arbeitnehmer vorübergehend oder auf Dauer auch andere zumutbare Tätigkeiten zuzuweisen, die seinen Kenntnissen und Fähigkeiten entsprechen, sofern dafür betriebliche Gründe vorliegen. Eine Minderung des Entgeltanspruchs ist damit nicht verbunden. Dies gilt vor allem auch dann, wenn im Einzelfall eine geringerwertige Tätigkeit zugewiesen wird.*

Solche Versetzungsklauseln sind aufgrund der AGB-Kontrolle (siehe Seite 43) nicht ganz unproblematisch. Jedenfalls muss man Ihnen deutlich aufzeigen, in welchen Fällen Sie mit einer Änderung des Aufgabengebietes rechnen müssen. Die Versetzungsklauseln müssen transparent sein und der Arbeitgeber darf sich in einer Klausel nichts vorbehalten, was für den Arbeitnehmer unzumutbar wäre. Deshalb müssen hier auch der oder die Gründe genannt werden, die eine Änderung auslösen können.

> **Achtung**
> Die Angabe, dass betriebliche Gründe eine Änderung des Tätigkeitsgebietes auslösen, reicht aus.

Wenn Sie an dieser Stelle nachverhandeln wollen, sollten Sie sich vielleicht kurz in die Situation des Arbeitgebers versetzen: Er könnte Ihnen unter Umständen unterstellen, dass Sie nicht flexibel sind, wenn Sie darauf bestehen, dass sich Ihr Tätigkeitsbereich nicht ändern darf.

Tätigkeitsort: Wo Sie arbeiten werden

Grundsätzlich gilt: Wurde zum Arbeitsort nichts vereinbart, muss der Arbeitnehmer im Betrieb des Arbeitgebers arbeiten. Dies kann unter Umständen aber problematisch werden, wenn der Betrieb des Arbeitgebers zum Beispiel aus mehreren Filialen besteht. Will der Arbeitgeber den Mitarbeiter in einer anderen Filiale einsetzen, und es ist nichts im Arbeitsvertrag geregelt, muss durch Auslegung ermittelt werden, was die Vertragsparteien wollten.

Um solche Streitigkeiten zu vermeiden, sollten Sie darauf achten, dass in Ihrem Vertrag deutliche Formulierungen zum Arbeitsort enthalten sind.

Musterformulierung „Ort der Tätigkeit"

§ (...) Ort der Tätigkeit

▸ *Arbeitsort ist die Filiale des Arbeitgebers in Hamburg.*

oder

▸ *Der jeweilige Arbeitsort ist im Großraum Frankfurt am Main.*

Achten Sie auch hier auf Versetzungsklauseln

Ebenso wie bei der Art der Tätigkeit kann auch für den Tätigkeitsort eine Versetzungsklausel vereinbart werden, die das Weisungsrecht des Arbeitgebers erweitert. Solche Klauseln sind üblich, dürfen aber nicht zu weit gefasst werden.

Die Versetzungsmöglichkeiten sollten konkret genannt werden, sodass Sie wissen, worauf Sie sich einlassen.

*Musterformulierung
„Versetzungsklausel Tätigkeitsort"*

§ (...) Ort der Tätigkeit

1. Arbeitsort ist die Filiale des Arbeitgebers in Wiesbaden.

2. Dem Arbeitnehmer kann vorübergehend oder dauerhaft eine Tätigkeit in einem anderen Betrieb des Arbeitgebers innerhalb von Deutschland / im Umkreis von 200 km um Wiesbaden usw. zugewiesen werden. Eine solche Versetzung kann aus betrieblichen Gründen erfolgen.

3. Ist aufgrund der Versetzung ein Umzug erforderlich, übernimmt der Arbeitgeber hierfür die Kosten bis zu einem Betrag von … EUR.

4. Ist die Versetzung von vorübergehender Dauer, übernimmt der Arbeitgeber die Fahrtkosten sowie die Kosten für eine angemessene Unterbringung.

Fragen zur Reisebereitschaft klären

Sollen Sie vielleicht Reisetätigkeiten in nicht unerheblichem Umfang übernehmen? In einem solchen Fall sollten Sie dies gleich im Arbeitsvertrag festhalten. Gerade wenn die Reisen auch ins Ausland gehen oder die Ziele weit entfernt vom Heimatort liegen, sollte das vorab geklärt werden.

Musterformulierung „Reisetätigkeit"

§ (…) Reisetätigkeit

Im Rahmen seiner Arbeit wird der Arbeitnehmer auch Reisetätigkeiten übernehmen. Die Ziele der Dienstreisen können im In- und Ausland liegen. In der Regel wird sich eine Dienstreise über wenige Tage erstrecken, im Ausnahmefall kann sie auch mehrere Wochen andauern.

Arbeitszeit: Wann Sie die Arbeit erledigen sollen

Der Arbeitnehmer stellt dem Arbeitgeber keine konkrete Dienstleistung zur Verfügung, da die Arbeit im Detail vom Arbeitgeber näher bestimmt wird und sich ändern kann.

Der Arbeitnehmer verspricht auch keinen bestimmten Erfolg. Typisch für das Arbeitsverhältnis ist also, dass der Arbeitnehmer seine Arbeitsleistung, die der Arbeitgeber genauer konkretisiert, während einer bestimmten Zeitspanne zur Verfügung stellt. Man unterscheidet zwischen:

▸ dem Umfang der Arbeitszeit und

▸ der zeitlichen Lage der Arbeitszeit.

Achten Sie vor allem darauf, dass in Ihrem Arbeitsvertrag näher bestimmt ist, wie lange und in welchen Zeiträumen Sie zur Verfügung stehen sollen. Dabei sollten grundsätzlich auch die Wochentage angegeben werden, an denen gearbeitet wird.

Musterformulierung „Arbeitszeit"

§ (…) Arbeitszeit
Die wöchentliche Arbeitszeit beträgt regelmäßig 38 Stunden und wird auf die Wochentage Montag bis Freitag verteilt. Die tägliche Arbeitszeit beträgt acht Stunden und verteilt sich wie folgt: Montag bis Donnerstag 8.00 bis 17.00 Uhr inklusive einer Stunde Mittagspause und Freitag 8.00 bis 15.00 Uhr inklusive einer Stunde Mittagspause.

Enthält Ihr Arbeitsvertrag keine Angabe zur Arbeitszeit, so gilt im Zweifel die betriebliche Arbeitszeit – also die Zeit, die im Betrieb üblicherweise als Arbeitszeit verbracht wird.

Praxis-Tipp

Achten Sie darauf, dass als Minimallösung zumindest die wöchentliche Arbeitszeit festgelegt ist.

Viele Unternehmen (und auch Mitarbeiter) bevorzugen flexible Gestaltungen. Bei einer Gleitzeitregelung wird zum Beispiel nur der Rahmen für Beginn und Ende der Arbeitszeit vorgegeben, wobei stets die Grenzen des Arbeitszeitgesetzes (ArbZG) zu beachten sind. Die Gleitzeit hat vor allem folgende Vorteile:

▸ Arbeitnehmer können die Arbeitszeit gezielter ihren persönlichen Bedürfnissen anpassen sowie Beruf und Familie besser unter einen Hut bringen.

▸ Die Arbeitsmotivation steigt und Arbeitsergebnisse und -ziele werden oft schneller erreicht.

▸ Der Arbeitgeber kann besser auf wechselnde Anforderungen reagieren.

Eine Gleitzeit-Vereinbarung sollte vor allem drei wesentliche Punkte festlegen:

▸ die Kernarbeitszeit, zu der alle Beschäftigten anwesend sein müssen;

▸ die Rahmenarbeitszeit bzw. die Gleitzeit außerhalb der Kernarbeitszeit, die der Arbeitnehmer selbst bestimmen kann;

▸ die Sollarbeitszeit, die möglichst täglich erreicht werden sollte.

Musterformulierung „Gleitzeit"

§ (...) Gleitzeit

1. Die regelmäßige wöchentliche Arbeitszeit beträgt 38 Stunden.

2. Die Arbeitszeit liegt zwischen 7.00 Uhr und 19.00 Uhr. Kernarbeitszeit ist die Zeit von 10.00 Uhr bis 17.00 Uhr.

Die Grenzen des Arbeitszeitgesetzes

Das Arbeitszeitgesetz findet auch auf flexible Arbeitszeitgestaltungen Anwendung. Der Höchstrahmen der gesetzlichen Arbeitszeit geht maximal von einer 48-Stunden-Woche aus, die sich auf sechs Werktage – Montag bis Samstag – verteilt. Die werktägliche Arbeitszeit darf acht Stunden nicht überschreiten und bis auf höchstens zehn Stunden verlängert werden – vorausgesetzt, dass innerhalb von sechs Monaten bzw. innerhalb von 24 Wochen im Durchschnitt die acht Stunden werktäglich nicht überschritten werden. Hier muss also ein Ausgleich stattfinden.

Pausenregelungen beachten

Laut Gesetz sind auch Pausen und Ruhezeiten einzuhalten:

Bei einer Arbeitszeit von

▸ mehr als sechs Stunden sind mindestens 30 Minuten,

▸ mehr als neun Stunden sind 45 Minuten Pause vorgeschrieben.

Dabei können die Pausen in Zeitabschnitte von mindestens 15 Minuten aufgeteilt werden. Die regelmäßige Ruhezeit nach Ende der täglichen Arbeitszeit muss ununterbrochen mindestens elf Stunden betragen.

Als Nachtarbeiter gilt, wer zwischen 23.00 und 6.00 Uhr mehr als zwei Stunden arbeitet und

▸ entweder diese Nachtarbeit in Wechselschicht leistet

▸ oder an mindestens 48 Tagen im Kalenderjahr Nachtarbeit leistet.

Praxis-Tipp

Sehen Sie sich vor Abschluss eines Arbeitsvertrages die einschlägigen Tarifverträge und / oder Betriebsvereinbarungen an. Arbeitszeitregelungen können sich jederzeit auch hieraus ergeben. Auf leitende Angestellte findet das ArbZG keine Anwendung.

Was zählt zu Ihrer Arbeitszeit?

An vielen Arbeitsplätzen (zum Beispiel in der Produktion) ist es wichtig, dass im Arbeitsvertrag genau festgelegt wird, was zur Arbeitszeit zählt. Ist dort nichts geregelt, gelten die folgenden Zeiten nicht als Arbeitszeiten und werden Ihnen deshalb auch nicht bezahlt:

▸ Wasch- und Umkleidezeiten,

▸ Wegezeiten von und zur Arbeitsstelle,

▸ gesetzliche Ruhepausen (siehe oben).

Als Arbeitszeit und damit als vergütungspflichtig wurde mittlerweile der Bereitschaftsdienst eingestuft. Achten Sie darauf, dass in Ihrem Vertrag genaue Details geregelt sind, wenn dies für Ihr Arbeitsverhältnis von Bedeutung ist.

Umkleidezeit

Wenn zum Beispiel ein Arbeitnehmer in einem Atomkraftwerk täglich ca. eine Stunde mit An- und Ausziehen der speziellen Schutzkleidung verbringt, wird er sicherlich ein Interesse daran haben zu wissen, ob diese Zeit zulasten seines Arbeitgebers geht.

Was man Ihnen nicht zumuten kann

Das Weisungsrecht des Arbeitgebers, die einmal vereinbarte Arbeitszeit zu ändern, unterliegt vielen Be-
schränkungen. Unzulässig ist vor allem ein Vorbehalt des
Arbeitgebers, den Umfang der Arbeitszeit einseitig ändern
zu können. Es ist ihm jedoch möglich, nur die wöchentliche
oder monatliche Arbeitszeit festzulegen und diesen Rahmen näher auszugestalten. Aber auch dabei gelten die
Grenzen des Arbeitszeitgesetzes.

Was für Überstunden und Mehrarbeit gilt

Im Bereich Überstunden müssen Sie vor allem zwei Dinge
wissen:

▸ Der Arbeitgeber hat keinen Anspruch auf Ableistung
von Überstunden.

▸ Das Weisungsrecht des Arbeitgebers reicht nicht aus,
um Überstunden anzuordnen.

Praxis-Tipp

Unterscheiden Sie zwischen Überstunden und Mehrarbeit: Überstunden leistet ein Arbeitnehmer, wenn er
über die für sein Arbeitsverhältnis geltende Arbeitszeit
hinaus arbeitet, die sich aus dem Arbeitsvertrag, Tarifvertrag oder der Betriebsvereinbarung ergibt. Dem
gegenüber bedeutet der Begriff Mehrarbeit, dass die
tatsächliche Arbeitszeit, die der Arbeitnehmer leistet,
die gesetzlich festgelegte Arbeitszeit überschreitet.

Es ist nur ein Gerücht, dass der Arbeitgeber allein aufgrund seines Weisungsrechts einseitig Überstunden anordnen kann. Eigentlich ist niemand verpflichtet, Überstunden zu leisten, es sei denn, es liegt ein Notfall oder eine ganz außergewöhnliche Situation vor – zum Beispiel, wenn Schaden vom Betrieb abgewendet werden muss.

Musterformulierung „Überstunden, Mehrarbeit"

§ (…) Überstunden
Der Arbeitnehmer ist verpflichtet, Überstunden und Mehrarbeit auf Anordnung des Arbeitgebers in angemessenem Umfang zu leisten.

Enthält Ihr Vertrag eine solche Regelung, sollten Sie auch darauf achten, dass es eine entsprechende Vergütungsregelung gibt (mehr dazu im nächsten Kapitel).

Achtung

Leitende Angestellte sind bei Bedarf auch ohne arbeitsvertragliche Regelung verpflichtet, Überstunden zu leisten.

Diese Vergütung steht Ihnen zu

Besteht keine vertragliche Vereinbarung, müssen Überstunden mit dem üblichen Stundenverdienst vergütet werden. Zuschläge fallen nur an, wenn sie im Betrieb oder in der Branche üblich sind. Problematisch sind Klauseln, die für Sie nicht transparent sind.

Achtung

Häufig wird versucht, Überstunden mit der vereinbarten Vergütung abzugelten. Klauseln wie zum Beispiel *„Eventuell anfallende Überstunden oder Mehrarbeit sind mit dem oben genannten Gehalt abgegolten."* sind unwirksam. Im Streitfall kann sich der
Arbeitgeber hierauf nicht berufen.

In vielen Fällen verwenden die Unternehmen eine Klausel
im Arbeitsvertrag, nach der innerhalb eines Monats geleistete Überstunden bis zu einem gewissen Maß bereits
mit dem monatlichen Gehalt oder einer Pauschale abgegolten sind. Eine solche Klausel ist wirksam, wenn

▸ die Höchstzahl der Überstunden und

▸ der genaue Erfassungszeitraum festgelegt werden oder

▸ eine genaue Pauschale für zu leistenden Überstunden
  definiert ist.

Musterformulierung „Überstunden"

§ (…) Überstundenvergütung

*Der Arbeitnehmer ist verpflichtet, auf Anordnung des
Arbeitgebers bis zu höchstens 15 Überstunden pro
Kalendermonat zu leisten. Er erhält dafür monatlich eine
Pauschale in Höhe von … EUR, mit der bis zu 15 eventuell
geleistete Überstunden pro Monat abgegolten sind.*

Die Gehaltsfrage: So wird die Vergütung geregelt

Die Regelung der Vergütung ist ein Kernbestandteil des Arbeitsvertrages. Hiermit wird die Hauptleistungspflicht des Arbeitgebers festgelegt, die im Gegenzug zur Arbeitsleistung steht. Aus diesem Gegenseitigkeitsverhältnis resultiert auch der Grundsatz „Ohne Arbeit kein Lohn!". Der Arbeitgeber muss eigentlich nur dann zahlen, wenn er eine Arbeitsleistung erhalten hat. Dieser Grundsatz wird aber häufig unterbrochen (mehr dazu auf Seite 74).

Beispiel

Im Krankheitsfall muss der Arbeitgeber Entgeltfortzahlung leisten und erhält dafür keine Arbeitsleistung.

Unter den Begriffen Vergütung oder Entgelt werden alle Arten von Zahlungen zusammengefasst, die ein Arbeitgeber leistet. Dazu gehören die übliche Bezahlung genauso wie die Sonderzahlungen, Prämien, Zuschläge oder variablen Gehaltsbestandteile usw.

Musterformulierung „Vergütung"

§ (…) Vergütung

1. Der Arbeitnehmer erhält eine monatliche Bruttovergütung in Höhe von … EUR.

2. Die Vergütung wird jeweils am Letzten eines Monats fällig. Die Zahlung erfolgt bargeldlos auf das dem Arbeitgeber bekannte Konto des Arbeitnehmers bei der …………-Bank mit der Kontonummer: ………….. .

Was gilt für Sonderzahlungen?

Neben der monatlichen Vergütung wird häufig ein 13. Monatsgehalt gezahlt, um die geleistete Arbeit im Laufe eines Jahres zu honorieren. Die Zahlung kann auch zur Hälfte im Sommer als Urlaubsgeld und zur Hälfte im Winter als Weihnachtsgeld gezahlt werden. Wenn ein Mitarbeiter im Laufe eines Jahres ins Unternehmen eintritt oder dieses verlässt, erhält er meist das 13. Gehalt nur anteilig.

Musterformulierung „Sonderzahlung"

§ (…) Sonderzahlungen

1. Der Arbeitgeber zahlt ein 13. Monatsgehalt in Höhe eines vollen Bruttomonatsverdienstes (oder: in Höhe von … EUR), das zur Hälfte mit dem Junigehalt und zur Hälfte mit dem Novembergehalt ausbezahlt wird.

2. Im Jahr des Eintretens oder Ausscheidens aus dem Unternehmen wird das 13. Monatsgehalt jeweils anteilig im Verhältnis zur Betriebszugehörigkeit des laufenden Kalenderjahres gezahlt.

Vorsicht bei freiwilligen Sonderzahlungen

Die meisten Arbeitgeber möchten sich eine gewisse Flexibilität bei der Zahlung der Gratifikationen vorbehalten. Gerade in wirtschaftlich schwierigen Zeiten werden Sonderzahlungen häufig nicht geleistet. Durch einen sogenannten Freiwilligkeitsvorbehalt lässt sich vermeiden, dass der Arbeitnehmer einen Anspruch auf eine Leistung erhält, weil sie ihm dreimal in Folge vorbehaltlos ausbezahlt wurde. (Man spricht hier von einer betrieblichen Übung.)

Beachten Sie also, dass Sie mit einer Sonderzahlung nicht fest rechnen dürfen, wenn Ihr Arbeitsvertrag einen Freiwilligkeitsvorbehalt enthält.

> ### Musterformulierung „Freiwillige Sonderzahlung"
>
> *§ (...) Freiwillige Sonderzahlung*
>
> *Die Zahlung des ...... (Art und Höhe der Gratifikation) erfolgt in jedem Fall freiwillig und ohne Begründung eines Rechtsanspruchs für die Zukunft. Selbst wenn die Auszahlung ohne Hinweis auf den Freiwiligkeitsvorbehalt erfolgt, kann daraus kein Anspruch für die Zukunft abgeleitet werden.*

Wann Sie Sonderzahlungen rückerstatten müssen

Mit Sonderzahlungen bzw. Gratifikationen wollen viele Unternehmen nicht nur die bereits erwiesene Betriebstreue honorieren, derartige Zahlungen sollen mitunter auch einen Anreiz darstellen, künftig dem Betrieb treu zu bleiben.

Will der Arbeitgeber vor allem die künftige Betriebstreue belohnen, dann kann er auch eine Rückzahlungsklausel für die Sonderzahlung im Arbeitsvertrag aufnehmen. Die Folge: Kündigen Sie aus eigenem Antrieb, sind Sie zur – anteiligen – Rückzahlung verpflichtet.

Aber Achtung: Übermäßig lang darf man Sie allerdings nicht an das Unternehmen binden. Dies würde Sie unangemessen benachteiligen.

Für Rückzahlungsklauseln gelten strenge Regeln:

▸ Bei einer Gratifikation von weniger als 125 EUR ist eine Rückzahlung immer unzulässig.

▸ Bei einer Gratifikation von über 125 EUR bis zur Höhe von einem Bruttomonatsgehalt ist eine Bindung bis zum 31.3. des Folgejahres zulässig. Sie sind also nicht zur Rückzahlung verpflichtet, wenn das Arbeitsverhältnis an diesem Tag oder später endet.

▸ Beträgt die Gratifikation zwischen einem und zwei Bruttomonatsgehältern, ist eine Bindung bis zum 30.6. des Folgejahres zulässig. Sie müssen somit zurückzahlen, wenn das Arbeitsverhältnis vor dem 30.6. endet.

▸ Wird eine Gratifikation von zwei Bruttomonatsgehältern und mehr gezahlt, ist eine Staffelung zulässig. Bei einem Ausscheiden aus dem Betrieb

  - zum 31.3. sind eineinhalb Bruttomonatsgehälter,

  - zum 30.6. ist ein Bruttomonatsgehalt,

  - zum 30.9. ist ein halbes Bruttomonatsgehalt

  - und nach dem 30.9. ist nichts mehr

zurückzuzahlen.

> **!**
>
> ### Achtung
>
> Haben Sie in Ihrem Arbeitsvertrag eine Rückzahlung von Gratifikationen vereinbart, dann sollten Sie die eben genannten Fristen unbedingt im Auge haben, sobald Sie eine Kündigung beabsichtigen.

Zuschläge, Zulagen, Provisionen und Prämien

Zur Vergütung gehören auch Zuschläge, Prämien usw., die im Arbeitsvertrag geregelt werden müssen.

> *Musterformulierung „Nachtzuschlag"*
>
> *§ (…) Nachtzuschläge*
> *Der Arbeitnehmer erhält für Nachtarbeit einen Zuschlag in Höhe von 25 % pro Stunde. Nachtarbeit ist die zwischen 23.00 Uhr und 6.00 Uhr geleistete Arbeit.*

> *Musterformulierung „Wochenendzuschlag"*
>
> *§ (…) Wochenendzuschläge*
> *Der Arbeitnehmer erhält für an Sonn- und gesetzlichen Feiertagen geleistete Arbeit einen Zuschlag in Höhe von 20 % pro Stunde.*

Wichtig: Aus der Regelung muss klar und deutlich hervorgehen, welche Art von Zulage (zum Beispiel Erschwerniszulage, Leistungszulage, usw.) gewährt werden soll.

> *Musterformulierung „Erschwerniszulage"*
>
> *§ (…) Erschwerniszulage*
> *Der Arbeitnehmer erhält neben seiner o.g. Vergütung eine Erschwerniszulage in Höhe von … EUR monatlich.*

> *Musterformulierung „Leistungszulage"*
>
> *§ (…) Leistungszulage*
> *Der Arbeitnehmer erhält eine Leistungszulage in Höhe von …. EUR pro Kalendermonat, sofern die Leistung seiner Schicht 100 Einheiten pro Tag übersteigt.*

Provisionen müssen ebenfalls im Arbeitsvertrag geregelt sein. Sie knüpfen an die Geschäfte an, die der Arbeitnehmer abgeschlossen hat.

Musterformulierung „Provisionen"

§ (…) Provision
Für die vom Arbeitnehmer erzielten Umsätze wird eine Provision in Höhe von 1,3 Prozent des Nettorechnungsbetrags gezahlt.

Prämien knüpfen an die Erreichung bestimmter Ziele an.

Musterformulierung „Prämien"

§ (…) Prämie
Der Arbeitnehmer erhält eine Prämie in Höhe von 1.000 EUR am Ende des Jahres, wenn er die durchschnittliche Arbeitsleistung von 50 Stück pro Arbeitstag, gemessen an den Arbeitstagen des Kalenderjahres, überschreitet.

Mit Ausnahme der Zuschläge für Nachtarbeit besteht kein gesetzlicher Anspruch auf Zulagen oder Zuschläge. Ein Recht des Arbeitnehmers kann sich nur aus einem Tarifvertrag, einer Betriebsvereinbarung, einer betrieblichen Übung oder einem Arbeitsvertrag ergeben.

Achtung

Nur die Zuschläge für Sonntags-, Feiertags- und Nachtarbeit sind in bestimmten Grenzen steuer- und beitragsfrei. Alle anderen Zuschläge sind steuer- und beitragspflichtig.

Probezeit: Sie liegt auch in Ihrem Interesse

Eine Probezeit hilft beiden Parteien festzustellen, ob man sich mit dem richtigen Vertragspartner auf ein Arbeitsverhältnis eingelassen hat. Ein Vorteil der Probezeit ist, dass während der Dauer von maximal sechs Monaten das Arbeitsverhältnis mit verkürzter Frist gekündigt werden kann. Stellen Sie also fest, dass Sie sich geirrt haben, sind Sie schnell wieder aus dem Vertrag heraus.

Kündigung während der Probezeit

Ein Arbeitnehmer arbeitet seit zwei Wochen als EDV-Berater bei seinem neuen Arbeitgeber. Die ersten sechs Monate sind als Probezeit vereinbart. Der Arbeitnehmer merkt sehr schnell, dass der Arbeitsplatz nicht das Richtige für ihn ist. Aus seiner Bewerbungsphase ist noch ein Angebot offen, dass er noch nicht abgesagt hat. Er kündigt deshalb in der Probezeit am 21.4.08. Die Kündigungsfrist beträgt hier zwei Wochen und kann zu jedem beliebigen Termin erfolgen. Am 5.5.08 hat der Arbeitnehmer aufgrund der verkürzten Kündigungsfrist während der Probezeit seinen letzten Arbeitstag und kann also bei dem neuen Arbeitgeber schon zum 6.8. anfangen.

Umgekehrt kann aber auch der Arbeitgeber den Arbeitnehmer mit der gleichen kurzen Frist und ohne Grund entlassen. Er muss sich vor allem keine Gedanken um die Wirksamkeit der Kündigung machen, da Probezeitkündigungen nie dahin gehend überprüft werden, ob sie sozial gerechtfertigt sind.

Musterformulierung „Probezeit"

§ (...) Probezeit

Die Vertragsparteien vereinbaren für die ersten sechs Monate des Arbeitsverhältnisses eine Probezeit. Während dieser Zeit kann das Arbeitsverhältnis jederzeit von beiden Vertragsparteien mit einer Frist von zwei Wochen gekündigt werden.

Wird eine kürzere Probezeit von zum Beispiel nur drei Monaten vereinbart, erlangt der Arbeitnehmer nach Ablauf der Probezeit noch keinen Kündigungsschutz. Gesetzlichen Kündigungsschutz nach dem Kündigungsschutzgesetz (KSchG) gibt es unabhängig von der Dauer der Probezeit erst nach sechsmonatiger Betriebszugehörigkeit. Der besondere Kündigungsschutz hingegen, der für Schwangere, Schwerbehinderte usw. gilt, muss auch in der Probezeit beachtet werden

Achtung

Wenn eine Arbeitnehmerin in der Probezeit schwanger wird, kann ihr nicht mehr gekündigt werden. Es gilt ein absolutes Kündigungsverbot unabhängig davon, ob die Probezeit noch läuft. Eine Kündigung ist nur ganz ausnahmsweise und mit einer behördlichen Zustimmung möglich.

Von der Probezeit ist das Probearbeitsverhältnis zu unterscheiden, das als eigenständiges befristetes Arbeitsverhältnis zum Zwecke der Erprobung gilt, und nicht wie die Probezeit in das unbefristete Arbeitsverhältnis integriert ist.

Der Gesetzgeber hat den Grund „Erprobung" ausdrücklich als zulässigen Grund für den Abschluss befristeter Arbeitsverträge in § 14 Abs. 1 S. 2 Teilzeit- und Befristungsgesetz (TzBfG) genannt.

Achtung

Da es sich bei einem Probearbeitsverhältnis um ein befristetes Arbeitsverhältnis handelt, muss die Befristung schriftlich vereinbart werden. Ist das in Ihrem Vertrag nicht der Fall, wandelt sich Ihr vermeintlich befristeter Arbeitsvertrag automatisch in einen unbefristeten um.

Ein Probearbeitsverhältnis endet zunächst nach der vereinbarten Probezeit. Es muss nicht gekündigt werden – die Beendigung tritt automatisch ein.

Musterformulierung „Probearbeitsverhältnis"

§ (…) Befristung zur Erprobung
Der Arbeitsvertrag wird auf die Dauer von … Monaten zur Probe abgeschlossen und endet mit Ablauf des …, ohne dass es einer Kündigung bedarf.

Wichtig: Lässt Sie der Arbeitgeber nach Ablauf des Erprobungszeitraums einfach weiterarbeiten, dann wandelt sich Ihr Probearbeitsverhältnis auch automatisch in ein unbefristetes Arbeitsverhältnis um.

Entgeltfortzahlung: Was bei Arbeitsausfall gezahlt wird

Der Grundsatz „Ohne Arbeit kein Lohn" wird im Arbeitsrecht zum Schutz des Arbeitnehmers mehrfach durchbrochen. Der bekannteste Fall ist die Entgeltfortzahlung im Krankheitsfall. Auf die gesetzliche Regelung ist dabei nicht immer Verlass. Es gab schon Zeiten, in denen der Arbeitgeber im Krankheitsfall nur 80 Prozent des Gehaltes weiterzahlen musste. Zurzeit gelten wieder 100 Prozent.

!

Praxis-Tipp

Wenn Sie sicher gehen wollen, dass Sie von solchen Gesetzesänderungen nicht betroffen werden, sollten Sie darauf achten, dass in Ihrem Vertrag ausdrücklich die hundertprozentige Gehaltsfortzahlung im Krankheitsfall geregelt ist. Heißt es in Ihrem Vertrag, dass sich die Entgeltfortzahlung nach den gesetzlichen Bestimmungen in ihrer jeweils gültigen Fassung richtet, dann können sich solche Gesetzesänderungen zu Ihren Ungunsten auswirken.

Bei Krankheit gilt der gesetzliche Mindestschutz

Bei Krankheit liefert das Entgeltfortzahlungsgesetz (EFZG) den gesetzlichen Mindestschutz für den Arbeitnehmer. Der Arbeitgeber ist verpflichtet, den Lohn bzw. das Gehalt für die Dauer von bis zu sechs Wochen weiterzuzahlen – auch wenn der Arbeitnehmer krankheitsbedingt nicht zur Arbeit kommt.

Diese Entgeltfortzahlungspflicht kann im Arbeitsvertrag nicht ausgeschlossen werden.

> *Musterformulierung*
> *„Krankheitsbedingte Arbeitsverhinderung"*
>
> *§ (…) Entgeltfortzahlung im Krankheitsfall*
> *Wenn der Arbeitnehmer arbeitsunfähig erkrankt, hat er einen Anspruch auf (hundertprozentige) Fortzahlung seiner Vergütung im Rahmen der gesetzlichen Bestimmungen des Entgeltfortzahlungsgesetzes.*

Bei der Entgeltfortzahlungsklausel wird meistens ausdrücklich darauf hingewiesen, dass sich Entgeltfortzahlung nach dem EFZG richtet. Damit ist auch gleichzeitig klargestellt, dass die Entgeltfortzahlung erst nach einem vierwöchigen Bestand des Arbeitsverhältnisses einsetzt. Während der ersten vier Wochen zahlt die Krankenkasse. In dieser Zeit haben Sie keinen Anspruch gegen Ihren Arbeitgeber.

Kürzung von Sondervergütungen im Krankheitsfall

Wenn der Arbeitgeber zusätzlich zum Arbeitsentgelt Sondervergütungen zahlt, kann er diese für die Zeiten der Arbeitsunfähigkeit des Arbeitnehmers kürzen (§ 4 a EFZG). Einmalzahlungen, wie beispielsweise Weihnachts- und Urlaubsgeld, können also gekürzt werden, wenn entsprechende Fehlzeiten vorliegen. Die Kürzung darf pro Tag der Arbeitsunfähigkeit maximal ein Viertel des Arbeitsentgelts, das im Jahresdurchschnitt auf einen Arbeitstag entfällt, betragen.

Musterformulierung
„Kürzung der Sondervergütung"

§ (…) Kürzung der Sondervergütung
Die Weihnachtsgratifikation wird für jeden Tag der Arbeitsunfähigkeit wegen Krankheit oder wegen Teilnahme an einer Maßnahme der medizinischen Vorsorge oder Rehabilitation um ein Viertel des Arbeitsentgelts gekürzt, das im Jahresdurchschnitt auf einen Arbeitstag entfällt.

Erhält der Arbeitnehmer mehrere Sondervergütungen und sollen diese alle unter die Kürzungsregelung fallen, dann muss für jede einzelne Sondervergütung eine Kürzungsvereinbarung getroffen werden. Man darf Ihnen nicht pauschal alle Sondervergütungen kürzen.

Was gilt bei Arbeitsverhinderung?

Eine Arbeitsverhinderung muss nicht zwangsläufig krankheitsbedingt sein. Nach § 616 Bürgerliches Gesetzbuch (BGB) ist der Arbeitgeber zur Fortzahlung der Vergütung verpflichtet, wenn der Arbeitnehmer

▸ für eine verhältnismäßig nicht erhebliche Zeit,

▸ durch einen in seiner Person liegenden Grund,

▸ ohne sein Verschulden

an der Arbeitsleistung verhindert wird.

Typische Fälle sind familiäre Ereignisse oder Unglücksfälle, die den Arbeitnehmer betreffen, wie zum Beispiel Hochzeiten, Geburten, Todesfälle bei nahen Angehörigen, aber auch Verkehrsunfälle oder ein Wohnungsbrand.

Der Gesetzgeber hat nicht festgelegt, wann wer wie viele Tage bezahlte Freistellung erhält. Allerdings haben sich in der Praxis folgende Richtwerte herausgebildet:

Ereignis	Freistellung
eigene Hochzeit	1 Tag
Geburt des eigenen Kindes	2 Tage
Tod eines Elternteils, Ehepartners oder Kindes bzw. von Geschwistern	2 Tage
Umzug aus betrieblichem Grund an einen anderen Ort	1 Tag

Der Arbeitgeber kann – sofern es keine tarifliche Regelung oder eine Betriebsvereinbarung gibt – den Entgeltfortzahlungsanspruch auch vollständig ausschließen.

> *Musterformulierung*
> *„Unverschuldete Arbeitsverhinderung"*
>
> *§ (...) Unverschuldete Arbeitsverhinderung*
>
> ▸ *Der Arbeitnehmer hat einen Anspruch auf bezahlte Freistellung im Umfang von je zwei Arbeitstagen, wenn er heiratet, das eigene Kind geboren wird, ein Elternteil, Geschwister, Ehepartner oder das eigene Kind verstirbt.*
>
> *oder*
>
> ▸ *Im Fall einer unverschuldeten Arbeitsverhinderung sind sich die Vertragsparteien darüber einig, dass § 616 BGB keine Anwendung findet.*
>
> *oder*
>
> ▸ *Ansprüche auf bezahlte Freistellung wegen persönlicher Verhinderung sind ausgeschlossen.*

Um Streitigkeiten vorzubeugen, sollten Sie auf klare Regelungen bezüglich des Sonderurlaubs im Arbeitsvertrag achten. Entweder sind Freistellung und Bezahlung ausgeschlossen, oder die Klausel besagt zweifellos, wer, wann und in welchem Umfang eine bezahlte Freistellung erhält.

Das sind Ihre Pflichten bei Arbeitsverhinderung

Der Arbeitgeber hat ein besonderes Interesse daran, möglichst unverzüglich über eine Arbeitsverhinderung in Kenntnis gesetzt zu werden. Die nicht geplante Abwesenheit eines Arbeitnehmers muss aufgefangen werden. Der Gesetzgeber hat eine entsprechende Mitteilungspflicht für den Fall der Krankheit geregelt: Wer arbeitsunfähig erkrankt, muss dies dem Arbeitgeber unverzüglich mitteilen, § 5 EFZG. Meistens wird eine solche Mitteilungspflicht für jede Art der Arbeitsverhinderung in den Arbeitsvertrag aufgenommen.

Musterformulierung „Mitteilungspflichten"

§ (…) Mitteilungspflichten

Der Arbeitnehmer ist verpflichtet, dem Arbeitgeber jede Arbeitsverhinderung – gleich aus welchem Grund – unverzüglich mitzuteilen und die voraussichtliche Dauer zu benennen. Unverzüglich bedeutet, dass der Arbeitnehmer ohne schuldhaftes Zögern handelt.

Über die Meldepflicht hinaus hat der Arbeitgeber einen Anspruch darauf, dass die Arbeitsverhinderung nachgewiesen wird. Sie müssen also eine Arbeitsunfähigkeitsbescheinigung vorlegen.

Musterformulierung „Nachweispflichten"

§ (…) Nachweispflichten

Der Arbeitnehmer ist verpflichtet, bei einer Arbeitsunfähigkeit, die länger als drei Kalendertage andauert, spätestens am darauffolgenden Arbeitstag eine ärztliche Bescheinigung über das Bestehen der Arbeitsunfähigkeit vorzulegen. Diese Bescheinigung muss auch die voraussichtliche Dauer der Arbeitsunfähigkeit benennen.

Die Anzahl der Krankheitstage, die nicht mit einer Arbeitsunfähigkeitsbescheinigung belegt werden müssen, können verlängert bzw. verkürzt werden. Manche Arbeitgeber verlangen, dass jeder Tag der Arbeitsunfähigkeit mit einem Attest nachgewiesen wird. Hier sollten Sie genau nachlesen. Bringen Sie unbedingt am ersten Tag ein Attest bei, wenn die Vorlage für den ersten Tag der Krankheit verlangt wird.

Ausnahme: Die Entgeltfortzahlung ist ausgeschlossen

Wenn der Arbeitnehmer die Arbeitsunfähigkeit selbst verschuldet, kann der Arbeitgeber die Entgeltfortzahlung verweigern. Das schuldhafte Verhalten des Arbeitnehmers muss ursächlich für die eingetretene Arbeitsunfähigkeit sein. Das wiederum muss der Arbeitgeber beweisen, wenn er die Entgeltfortzahlung verweigern will. Sie sind dabei verpflichtet, Auskunft über alle Umstände zu geben, die zu Ihrer Arbeitsunfähigkeit geführt haben.

Ein Selbstverschulden liegt zum Beispiel vor:

▶ bei Verletzungen oder Unfällen aufgrund von Alkohol-missbrauch (Das gilt nicht bei krankhafter Alkoholab-hängigkeit, da dies eine Krankheit ist.);

▶ bei Arbeitsunfällen, weil zum Beispiel die Unfallver-hütungsvorschriften leichtfertig nicht beachtet wurden;

▶ bei der Teilnahme an Schlägereien;

▶ bei Sportunfällen, vor allem bei der Ausübung von sogenannten gefährlichen Sportarten oder solchen mit hohem Risiko,

▶ und unter Umständen bei Verkehrsunfällen.

Urlaub: Darauf haben Sie Anspruch

Nach § 3 Bundesurlaubsgesetz (BUrlG) beträgt der gesetz-liche Erholungsurlaub für jeden Arbeitnehmer mindestens 24 Werktage. Als Werktage gelten alle Kalendertage, soweit sie nicht Sonn- oder gesetzliche Feiertage sind. Das bedeutet, dass der Samstag auch ein Werktag ist, und damit als Urlaubstag Berücksichtigung findet.

Ist Ihre Arbeitszeit nicht auf alle Werktage einer Woche verteilt, weil zum Beispiel der Samstag arbeitsfrei ist, und wird der Urlaubsanspruch nach Werktagen bemessen, dann muss der Urlaubsanspruch in Arbeitstage um-gerechnet werden. Dabei sind die Werk- und Arbeitstage rechnerisch so ins Verhältnis zueinander zu setzen, dass die Gesamtdauer des Urlaubs durch sechs geteilt und mit der Zahl der Arbeitstage einer Woche multipliziert wird.

Anzahl der Urlaubstage

Ein Arbeitnehmer hat einen gesetzlichen Urlaubsanspruch von 24 Werktagen. Er arbeitet in einer 5-Tage-Woche. Der Urlaubsanspruch wird wie folgt berechnet:

24 Werktage x 5 Arbeitstage / 6 Werktage = 20 Arbeitstage. Der Arbeitnehmer erhält also 20 Arbeitstage Urlaub pro Jahr.

Ändert sich im Verlauf eines Kalenderjahres die Verteilung der Arbeitszeit auf mehr oder weniger Arbeitstage in der Kalenderwoche, verlängert oder verkürzt sich die Dauer des Urlaubs entsprechend. Je nach Zahl der Wochenarbeitstage besteht folgender gesetzlicher Mindesturlaubsanspruch:

Wochenarbeitstage	Urlaubstage im Jahr
5 Tage	20
4 Tage	16
3 Tage	12
2 Tage	8
1 Tag	4

Das Minimum von vier (freien) Arbeitswochen muss also immer gewährt werden.

Musterformulierung „Urlaub"

§ (…) Urlaub

1. Der Arbeitnehmer hat einen Anspruch auf … Arbeitstage bezahlten Urlaub je Kalenderjahr.

2. Bei der Lage des Urlaubs sind die Wünsche des Arbeitnehmers zu berücksichtigen, sofern nicht dringende betriebliche Gründe dagegen sprechen oder Urlaubswünsche eines anderen Arbeitnehmers unter sozialen Gesichtspunkten den Vorrang verdienen.

3. Der Arbeitnehmer hat das geltende Urlaubsantragsverfahren zu beachten. Vor Antritt des Urlaubs muss dieser schriftlich vom Arbeitgeber genehmigt werden."

Urlaubsentgelt und Urlaubsgeld: Hier gibt es Unterschiede

Wenn Sie in den Urlaub gehen, muss Ihnen das Gehalt bzw. der Lohn weitergezahlt werden. Die Höhe der Entgeltfortzahlung während des Urlaubs richtet sich nach dem vorherigen durchschnittlich erzielten Arbeitsentgelt, mit Ausnahme des zusätzlich für Überstunden gezahlten Entgelts. Diese Entgeltfortzahlung nennt man Urlaubsentgelt. Ist der Arbeitsverdienst schwankend, müssen bei der Ermittlung des durchschnittlichen Verdienstes in den 13 Wochen vor Urlaubsbeginn folgende Vergütungsbestandteile berücksichtigt werden:

▸ die feste Grundvergütung,

▸ alle Zulagen und Leistungen, soweit sie nicht nur Auslagenersatz sind,

▸ Akkordlohn,

▸ Sachbezüge, die angemessen in bar abgegolten werden müssen, soweit sie nicht weiter zugeteilt werden,

▸ Provisionen und Bedienungsprozente.

Nicht zu berücksichtigen sind:

▸ Gewinnbeteiligungen,

▸ Umsatzprämien,

▸ Gratifikationen, die die Tätigkeit des Mitarbeiters für das ganze Urlaubsjahr abgelten,

▸ tarifliche Sonderzahlungen und

▸ vermögenswirksame Leistungen.

Formel zur Berechnung des Urlaubsentgelts bei schwankendem Arbeitseinkommen:

Summe des Arbeitseinkommens der 13 Wochen vor Urlaubsbeginn / Werktage, die in diesem Zeitraum fallen = Arbeitsverdienst pro Tag

Arbeitsverdienst pro Tag x Anzahl der Urlaubstage = Urlaubsentgelt

Vom Urlaubsentgelt zu unterscheiden ist das Urlaubsgeld. Das Urlaubsgeld wird über die reguläre Entgeltfortzahlung hinaus gezahlt und ist eine besondere, meist freiwillige Leistung.

Musterformulierung „Urlaubsgeld"

§ (…) Urlaubsgeld

Der Arbeitnehmer erhält als freiwillige Leistung ein Urlaubsgeld in Höhe von … EUR, das jeweils mit dem Gehalt im Monat … ausbezahlt wird. Auch wenn dieses Urlaubsgeld über Jahre hinweg gewährt wurde, entsteht hierauf für die Zukunft kein Anspruch.

Die Übertragung des Urlaubs ins nächste Jahr

Sowohl der Arbeitnehmer als auch der Arbeitgeber kann ein Interesse daran haben, dass der Urlaubsanspruch bzw. ein Teil davon in das nächste Kalenderjahr übertragen wird. Eine solche Übertragung ist nur statthaft, wenn

▸ dringende betriebliche oder

▸ in der Person des Arbeitnehmers liegende Gründe

dies rechtfertigen. Das ist zum Beispiel der Fall, wenn ein Arbeitnehmer krankheitsbedingt seinen Urlaub nicht nehmen konnte oder die Abstimmung mit dem Ehepartner nicht funktionierte. Konnte der Urlaubsanspruch aufgrund solcher Gründe nicht während des Urlaubsjahres erfüllt werden, verschiebt sich die zeitliche Grenze automatisch vom 31.12. auf den 31.3. des Folgejahres. Wenn der Urlaub bis zum 31.3. nicht genommen wurde, verfällt er.

Musterformulierung „Urlaubsübertragung"

§ (...) Urlaubsübertragung

Der Urlaub ist während des laufenden Kalenderjahres zu nehmen. Die Übertragung in das nächste Kalenderjahr ist nur zulässig, wenn dringende betriebliche oder in der Person des Mitarbeiters liegende Gründe dies rechtfertigen. Im Fall der Übertragung muss der Urlaub in den ersten drei Monaten des folgenden Jahres genommen werden.

oder (wenn die Übertragung von vornherein bis zum 31.3. des Folgejahres möglich sein soll):

Der Urlaubsanspruch erlischt drei Monate nach Ablauf des Kalenderjahres.

Achten Sie darauf, was Ihr Vertrag in Sachen Urlaubsübertragung regelt: Ohne Aussage verfällt Ihr Urlaub am 31.3. des Folgejahres unwiderruflich. Etwas anders gilt allerdings, wenn vorab individuelle Absprachen bezüglich der Urlaubsübertragung getroffen wurden, die etwas anderes besagen. Um solche Vereinbarungen sollten Sie sich rechtzeitig bemühen, falls Ihr Vertrag keine Lösung bietet.

Nebenjob: Was Sie „nebenbei" so dürfen

Ob und in welchem Umfang eine Nebentätigkeit ausgeübt werden kann, darf im Arbeitsvertrag nur eingeschränkt geregelt werden. Grundsätzlich sind alle Nebentätigkeiten erlaubt, die Ihrem Arbeitgeber nicht schaden. Ein generelles Verbot einer Nebentätigkeit – gleichgültig, ob entgeltlich oder unentgeltlich – ist unwirksam. Beeinträchtigt die Nebentätigkeit die Interessen des Arbeitgebers, darf sie untersagt werden. Der Arbeitgeber darf die Nebentätigkeit auch von seiner Zustimmung abhängig machen. Ist eine Beeinträchtigung der Arbeitgeber-Interessen nicht zu erwarten, haben Sie einen Anspruch auf Erteilung der Zustimmung. Eine solche Beeinträchtigung kann vorliegen, wenn

▸ der Arbeitnehmer eine Konkurrenztätigkeit ausübt,

▸ durch die Nebentätigkeit die Arbeitszeitgrenzen nach dem Arbeitszeitgesetz (ArbZG) überschritten werden,

▸ der Arbeitnehmer durch die Nebentätigkeiten so sehr beansprucht wird, dass er seine Pflichten im Hauptarbeitsverhältnis nicht mehr ordnungsgemäß erfüllen kann

Nebentätigkeitsklauseln verlangen meistens eine Anzeige der Nebentätigkeit und regeln die Abwicklung gleich mit.

> ### Musterformulierung „Nebentätigkeit"
>
> *§ (...) Nebentätigkeit*
>
> *1. Nebentätigkeiten sind vor ihrer Übernahme stets anzu-zeigen.*
>
> *2. Die Übernahme einer jeden Nebentätigkeit oder eines Ehrenamtes, sei es entgeltlich oder unentgeltlich, bedarf der vorherigen schriftlichen Zustimmung des Arbeitgebers. Die Zustimmung gilt als erteilt, wenn innerhalb von zwei Wochen seit Anzeige durch den Arbeitnehmer keine Ent-scheidung des Arbeitgebers ergangen ist.*

Unabhängig davon, ob eine Nebentätigkeit die betrieb-lichen Interessen beeinträchtigt oder nicht, gilt: Wenn Sie die Zustimmung nicht einholen und damit die Nebentätig-keit nicht einmal anzeigen, riskieren Sie eine Abmahnung. In einem solchen Fall hat der Arbeitgeber nämlich nicht die Chance zu überprüfen, ob die Nebentätigkeit seine Interessen beeinträchtigt.

So kann das Arbeitsverhältnis enden

Ein Arbeitsverhältnis kann aus unterschiedlichen Gründen enden: Sie gehen in Rente, Sie kündigen, man kündigt Ihnen, Sie schließen einen Aufhebungsvertrag ab usw. Für einige dieser Sachverhalte sollte im Arbeitsvertrag Genaueres geregelt sein.

Kündigung vor Dienstantritt

Ein Arbeitsverhältnis kann bereits vor Dienstantritt ge-kündigt werden. In einem solchen Fall beginnt auch die Kündigungsfrist bereits vor Dienstantritt zu laufen. Wenn für den Beginn des Arbeitsverhältnisses eine Probezeit mit der kürzeren Kündigungsfrist vereinbart wurde, würde diese kurze Frist Anwendung finden. Die Kündigung vor Dienstantritt kann ausgeschlossen werden.

> *Musterformulierung*
> *„Kündigung vor Dienstantritt"*
>
> *§ (…) Kündigung vor Dienstantritt*
> *Vor Beginn des Arbeitsverhältnisses ist eine Kündigung ausgeschlossen.*

Zwischen dem Arbeitsbeginn bei Ihrem neuen Arbeitgeber und dem Vertragsabschluss kann ein längerer Zeitraum liegen. Angenommen Sie finden während dieser Zeit eine noch viel bessere Stelle als die, bei der Sie gerade zugesagt haben. Wenn Ihr Vertrag in diesem Fall eine solche Klausel aufweist, dann sind Sie verpflichtet, den Vertrag auch zu erfüllen – d. h., Sie gehen am verabredeten ersten Arbeits-tag zum Kündigen in diesen Betrieb. Tun Sie dies nicht, kann der Arbeitgeber Sie wegen Nichterfüllung des Ver-trages auf Schadensersatz in Anspruch nehmen.

Beendigung im Rentenalter

Viele Arbeitgeber und Arbeitnehmer gehen davon aus, dass ein Arbeitsverhältnis „automatisch" endet, wenn das Rentenalter erreicht wird. Das ist allerdings nicht richtig.

Vollendetes 65. Lebensjahr

Der Chef der Firma Schneider möchte seinen langjährigen Controller, der im kommenden Monat das 65. Lebensjahr erreicht, gebührend verabschieden. Er geht davon aus, dass das Arbeitsverhältnis ganz automatisch endet. Im Arbeitsvertrag aus dem Jahr 1972 wurde jedenfalls nichts geregelt.

Der Chef unterliegt hier einem Irrtum. Wenn im Arbeits- oder Tarifvertrag nichts geregelt ist, endet das Arbeitsverhältnis nicht ohne Zutun der Parteien.

Will der Chef, dass sein Controller in den Ruhestand geht, muss er eine Kündigung aussprechen. Wollen beide das Arbeitsverhältnis beenden, können sie einen Aufhebungsvertrag abschließen.

Klauseln, die an das Regelrentenalter anknüpfen, sind wirksam. Der Arbeitnehmer muss durch den Bezug einer gesetzlichen Altersrente wirtschaftlich abgesichert sein.

Musterformulierung
„Beendigung bei Eintritt des Rentenalters"

§ (…) Beendigung bei Eintritt ins Rentenalter

Das Arbeitsverhältnis endet in jedem Fall mit Ablauf desjenigen Monats, in dem der Arbeitnehmer das gesetzliche Renteneintrittsalter (derzeit bei Vollendung des 67. Lebensjahres) erreicht, ohne dass es einer Kündigung bedarf. Wird das gesetzliche Renteneintrittsalter erhöht oder verringert, verändert sich die Altersgrenze entsprechend.

Auch Kündigungen müssen geregelt werden

In einem Arbeitsvertrag dürfen auf keinen Fall die Regelungen zur Kündigung fehlen. Die fristlose Kündigung eines Arbeitsverhältnisses ist immer möglich und kann vertraglich nicht ausgeschlossen werden. Selbst wenn die gesetzlichen Kündigungsfristen Anwendung finden, sollten diese in den Arbeitsvertrag aufgenommen werden.

Musterformulierung
„Beendigung des Arbeitsverhältnisses"

§ (…) Beendigung des Arbeitsverhältnisses
Für die Kündigung des Arbeitsverhältnisses gelten die gesetzlichen Kündigungsfristen (§ 622 BGB).

Die gesetzlichen Kündigungsfristen sehen vor, dass das Arbeitsverhältnis innerhalb der ersten zwei Jahre beiderseits unter Einhaltung einer Frist von vier Wochen zum 15. oder zum Ende eines Kalendermonats kündbar ist. Längere Fristen gelten für den Arbeitgeber, wenn der Mitarbeiter nach Vollendung des 25. Lebensjahres länger als fünf Jahre bei ihm beschäftigt war. Je länger die Beschäftigungsdauer im Betrieb, desto länger ist die Kündigungsfrist für den Arbeitgeber.

Achtung

Der Arbeitgeber kann Ihnen jederzeit längere Fristen vorschlagen, die auch für Ihre Kündigung gelten sollen. Allerdings dürfen diese nie länger sein als die vom Arbeitgeber bei seiner Kündigung zu beachtenden Fristen.

Übersicht „Gesetzliche Kündigungsfristen"		
Kündigungsfrist innerhalb einer Probezeit bis zu sechs Monaten	zwei Wochen zu jedem beliebigen Tag	
Grundkündigungsfrist bei einer Beschäftigungszeit unter zwei Jahren	vier Wochen zum 15. oder zum Ende eines Kalendermonats	
verlängerte Kündigungsfrist ab einer Beschäftigungsdauer von mind. zwei Jahren seit Beginn des Arbeitsverhältnisses[1]	Betriebszugehörigkeit in Jahren	Kündigungsfrist in Monaten zum Monatsende
	2	1
	5	2
	8	3
	10	4
	12	5
	15	6
	20	7

Eine Verlängerung der Grundkündigungsfristen im Arbeitsvertrag ist möglich, wenn für beide Vertragsparteien die gleichen Kündigungsfristen vereinbart werden. Eine Kürzung der Grundkündigungsfrist ist möglich, bei

▸ Aushilfskräften, die maximal drei Monate beschäftigt werden,

▸ Kleinbetrieben mit bis zu 20 Mitarbeitern (hier beträgt die Mindestkündigungsfrist vier Wochen).

---

[1] Diese verlängerten Kündigungsfristen gelten nur für den Arbeitgeber. Die Betriebszugehörigkeit wird erst ab dem 25. Lebensjahr gezählt.

In Kleinbetrieben gelten Sonderregelungen

Die Grundkündigungsfristen dürfen nur in Kleinbetrieben verkürzt werden. Bei der Ermittlung der Mitarbeiterzahl werden die Auszubildenden nicht berücksichtigt. Teilzeitkräfte müssen nach ihrem Arbeitsumfang mitgezählt werden. Arbeitet die Teilzeitkraft regelmäßig wöchentlich nicht mehr als 20 Stunden, gilt für sie der Faktor 0,5. Beträgt die regelmäßige Wochenarbeitszeit nicht mehr als 30 Stunden, gilt der Faktor 0,75. Darüber hinaus gilt der Arbeitnehmer als Vollzeitkraft.

Schriftform ist unbedingt zu beachten

Auch wenn das Schriftformerfordernis für Kündigungen gesetzlich geregelt ist, sollte es dennoch in den Arbeitsvertrag aufgenommen werden. Wurde eine Kündigung nicht schriftlich erklärt, ist sie unwirksam und muss noch einmal erteilt werden. In einem solchen Fall beginnt die Kündigungsfrist erneut zu laufen.

> *Musterformulierung „Schriftform der Kündigung"*
>
> *§ (…) Schriftform der Kündigung*
> *Jede Kündigung bedarf der Schriftform.*

Die Herausgabe des Eigentums

Bei Beendigung des Arbeitsverhältnisses besteht eine Herausgabepflicht bezüglich der betrieblichen Gegenstände – und zwar auch ohne ausdrückliche Regelung im Arbeitsvertrag.

Trotzdem wird in der Praxis eine solche Regelung in die
Verträge üblicherweise aufgenommen.

> ### Musterformulierung „Herausgabepflicht"
>
> *§ (…) Herausgabepflicht*
>
> *Alle Gegenstände des Unternehmens – vor allem Laptop,
> Schlüssel, Unterlagen, Schriftstücke, Abschriften, Durch-
> schläge usw. – hat der Arbeitnehmer als ihm anvertrautes
> Eigentum des Unternehmens sorgfältig aufzubewahren,
> vor jeder Einsichtnahme durch Unbefugte zu schützen und
> auf Verlangen jederzeit – vor allem bei Freistellung von der
> Verpflichtung zur Arbeitsleistung und spätestens bei Be-
> endigung des Arbeitsverhältnisses – dem Arbeitgeber
> herauszugeben.*

Hier müssen Sie schweigen

Eine allgemeine Verschwiegenheitspflicht über Geschäfts-
und Betriebsgeheimnisse während des laufenden Arbeitsverhältnisses besteht als arbeitsvertragliche Nebenpflicht
auch ohne ausdrückliche vertragliche Vereinbarung. Trotzdem wird eine solche Regelung zur Schweigepflicht oft in
die Arbeitsverträge aufgenommen, um nochmals deutlich
daraufhin zu weisen.

Viele Unternehmen haben natürlich ein Interesse daran,
dass auch bereits ausgeschiedene Mitarbeiter Stillschweigen bewahren, und nehmen daher eine nachver-
tragliche Verschwiegenheitspflicht in den Arbeitsvertrag
auf. Eine solche Pflicht ist nur in den Fällen statthaft, in
denen der Arbeitgeber ein besonderes Interesse an dieser
Verschwiegenheit nachweisen kann. Andernfalls würde ein

uneingeschränktes Verbot den Mitarbeiter unangemessen benachteiligen. Schließlich will er seine Kenntnisse und Erfahrungen auch an einem neuen Arbeitsplatz einsetzen.

Musterformulierung „Verschwiegenheitspflicht"

§ (…) Verschwiegenheitspflicht

1. Der Arbeitnehmer ist verpflichtet, über alle ihm bekannt gewordenen Angelegenheiten des Unternehmens, insbesondere über alle Betriebs- und Geschäftsgeheimnisse sowie Herstellungsverfahren, Vertriebswege und dergleichen, Stillschweigen zu bewahren. Von der Schweigepflicht erfasst sind auch Informationen über persönliche Verhältnisse von Vorgesetzten und Mitarbeitern. Die Verpflichtung zur Verschwiegenheit besteht auch hinsichtlich sonstiger vertraulicher Daten und Informationen sowie sonstigen Know-hows. Die Geheimhaltungspflicht bezieht sich auch auf Höhe und Zusammensetzung der vereinbarten Vergütung.

2. Diese Verpflichtung gilt für die Zeit nach Beendigung des Arbeitsverhältnisses fort. Sollte die Verpflichtung den Arbeitnehmer unangemessen benachteiligen, hat er gegen den Arbeitgeber einen Anspruch auf Freistellung von dieser Pflicht.

Achten Sie auf Ihre Daten

Die meisten Arbeitsverträge enthalten Datenschutzregelungen. Zum einen geht es dabei um Ihre eigenen Daten, zum anderen aber auch um die Daten Dritter, mit denen Sie an Ihrem neuen Arbeitsplatz in Berührung kommen.

Wenn Sie mit persönlichen Daten Dritter umgehen müssen, weil Sie zum Beispiel in der Personalabteilung arbeiten, wird man von Ihnen verlangen, dass Sie eine Belehrung entsprechend dem Bundesdatenschutzgesetz als Anlage zum Arbeitsvertrag unterzeichnen und beachten.

Musterformulierung „Datenschutz"

1. Der Arbeitnehmer erklärt sich damit einverstanden, dass seine personenbezogenen Daten zu Zwecken der Personalverwaltung automatisch gespeichert und verarbeitet werden. Bei der Nutzung und Verarbeitung dieser Daten wird das Bundesdatenschutzgesetz beachtet.

2. Der Arbeitnehmer verpflichtet sich, die als Anlage diesem Vertrag beigefügte Datenschutzerklärung zu unterzeichnen. Damit erklärt der Arbeitnehmer, dass er mit personenbezogenen Daten, mit denen er im Rahmen seiner Arbeit in Berührung kommt, sorgfältig umgeht.

Ihre Erfindungen werden vergütet

Am Arbeitsplatz gelingen einzelnen Arbeitnehmern immer wieder patentfähige Erfindungen. Die Rechte und Pflichten daran werden sowohl für Arbeitnehmer als auch für Arbeitgeber im Arbeitnehmererfindungsgesetz (ArbNErfG) geregelt. Von diesen Vorschriften kann zulasten des Arbeitnehmers nicht abgewichen werden. In aller Regel wird deshalb im Arbeitsvertrag nur klargestellt, dass das ArbNErfG Anwendung findet, was im Einzelnen dazu führt, dass man Ihre Erfindung vergütet und der Arbeitgeber die Nutzungsrechte daran erhält.

> *Musterformulierungen Arbeitnehmererfindungen*
>
> *§ (…) Erfindungen*
>
> *Für Diensterfindungen gelten die Regelungen des Arbeit-nehmererfindungsgesetzes in seiner jeweils gültigen Fassung sowie alle hierzu ergangenen Richtlinien, wie zum Beispiel die Richtlinie über die Vergütung von Arbeit-nehmererfindungen im privaten Dienst.*

Welche Reisekosten werden erstattet?

Aufwendungen der Mitarbeiter, die im Zusammenhang mit der Erfüllung ihrer Aufgaben entstehen, muss der Arbeit-geber ersetzen. Das gilt unabhängig von einer vertrag-lichen Regelung. Wenn allerdings konkrete Vorstellungen zu den Aufwendungen bestehen, werden Art und Umfang der Erstattungsleistung meist vertraglich geregelt. Prüfen Sie hier, ob der Vorschlag des Arbeitgebers auch Ihren Vorstellungen entspricht und ob die Ihnen entstehenden Kosten angemessen erstattet werden.

> *Musterformulierung „Reisekosten, Spesen und sonstige Aufwendungen"*
>
> *§ (…) Reisekosten, Spesen usw.*
>
> *Als Fahrtkostenerstattung erhält der Arbeitnehmer nach Vorlage von Belegen die Kosten für Fahrkarten im Zu-sammenhang mit der Nutzung öffentlicher Verkehrsmittel. Bei Bahnfahrten wird die 2. Klasse und bei Flügen der Economy-Tarif erstattet. Nutzt der Arbeitnehmer seinen eigenen PKW für dienstliche Fahrten, wird ihm pro ge-fahrener Kilometer die jeweils steuerlich anerkannte Kilo-meterpauschale erstattet.*

In vielen Unternehmen existieren Reisekostenrichtlinien, nach denen alle Reisekosten, Spesen usw. abgerechnet werden. Im Arbeitsvertrag wird in diesen Fällen meist nur auf die Reisekostenrichtlinie hingewiesen.

Praxis-Tipp

Wenn man Ihnen die Reisekostenrichtlinie nicht zusammen mit dem Arbeitsvertrag ausgehändigt hat, dann sollten Sie diese unbedingt anfordern, wenn im Vertrag darauf Bezug genommen wurde.

Vertragsstrafe: Was Ihnen blühen kann

In vielen Arbeitsverträgen findet sich auch eine Regelung über Vertragsstrafen. Schließlich soll sich der Arbeitnehmer genau überlegen, ob er sich entgegen der getroffenen Vereinbarung verhalten möchte. Der häufigste Fall ist die Vertragsstrafe im Falle einer Kündigung vor Dienstantritt.

Achtung

Bitte prüfen Sie den Abschnitt über eine mögliche Vertragsstrafe ganz genau, denn solche Regelungen sind vor allem für den Arbeitgeber vorteilhaft: Er kann Sie auf der einen Seite unter Druck setzen und sich auf der anderen Seite im Falle einer Vertragsverletzung bei Ihnen schadlos halten, ohne den Eintritt eines Schadens nachweisen zu müssen.

Früher hat man für Kündigungen vor Dienstantritt oder vertragswidrige Beendigungen des Arbeitsverhältnisses hohe Vertragsstrafen vereinbart. Damit wollte man den Arbeitnehmer anhalten, seinen Vertrag unbedingt einzuhalten. Im Streitfall haben dann die Gerichte die Strafe meist als überhöht eingestuft und auf ein akzeptables Maß reduziert. Dies ist aufgrund neuer gesetzlicher Regelungen nicht mehr möglich. Heute bewirkt eine unangemessene Vertragsstrafe, dass die gesamte Regelung als unwirksam eingestuft wird. Stattdessen gelten die gesetzlichen Bestimmungen. Die Arbeitsgerichte halten meist eine Strafe in Höhe von einem Bruttomonatslohn für angemessen. Nur im Einzelfall sind höhere Vertragsstrafen von bis zu drei Gehältern noch verhältnismäßig. Bei Nichtantritt einer Stelle oder bei Vertragsbruch während der Probezeit ist die verkürzte Kündigungsfrist zu beachten. Wurde eine Probezeit mit 14-tägiger Kündigungsfrist vereinbart, darf die Vertragsstrafe auch nur einen halben Monatslohn betragen.

Musterformulierung „Vertragsstrafe"

§ (…) Vertragsstrafe

1. Im Falle des Bruchs des Arbeitsvertrages, insbesondere bei schuldhafter Nichtaufnahme des Arbeitsverhältnisses oder schuldhafter vorzeitiger Beendigung des Arbeitsverhältnisses durch den Arbeitnehmer ist der Arbeitgeber berechtigt, eine Vertragsstrafe von bis zu einem Bruttomonatseinkommen zu erheben.

2. Geschieht der Arbeitsvertragsbruch oder der Ausspruch der fristlosen Kündigung vor oder während der Probezeit, ist die Vertragsstrafe anteilig nach der Dauer der einzuhaltenden Kündigungsfrist zu berechnen.

Eine unangemessene Benachteiligung des Arbeitnehmers kann zudem vorliegen, wenn die Vertragsstrafenregelung nicht ausreichend bestimmt ist: Die inhaltlichen Voraussetzungen müssen so eindeutig formuliert sein, dass sich der Mitarbeiter darauf einrichten kann und weiß, was ihn erwartet. Formulierungsfehler bzw. -schwächen gehen immer zulasten des Arbeitgebers.

Welche Vorschriften sonst noch für Ihr Arbeitsverhältnis gelten

Viele Arbeitsverträge verweisen auf andere Regelungen wie zum Beispiel Betriebsordnungen, Verhaltensgrundsätze, Tarifverträge, Betriebsvereinbarungen, Arbeitsanweisungen usw., die Gegenstand des Arbeitsvertrages sein sollen.

▸ **Betriebsordnungen**

Weitreichende Vereinbarungen wie zum Beispiel Betriebsordnungen, die innerbetriebliche Angelegenheiten wie Arbeitszeiten, Ruhepausen usw. regeln, sollten Sie sich unbedingt aushändigen lassen, wenn darauf in Ihrem Vertrag Bezug genommen wird.

▸ **Betriebsvereinbarungen**

Die Geltung von Betriebsvereinbarungen muss im Arbeitsvertrag nicht ausdrücklich erwähnt werden. Diese Regelungen gelten für alle Arbeitnehmer des Unternehmens unmittelbar und zwingend, weil das Betriebsverfassungsgesetz dies bereits festlegt. Ein Verweis auf eine Betriebsvereinbarung im Arbeitsvertrag hat somit nur einen deklaratorischen Zweck.

Praxis-Tipp

Auf Arbeitsverhältnisse leitender Angestellter finden Betriebsvereinbarungen keine Anwendung. Etwas anderes gilt nur, wenn dies ausdrücklich im Arbeitsvertrag vereinbart wird.

▸ Tarifverträge

Sind Arbeitgeber und Arbeitnehmer gleichermaßen tarifgebunden – also Mitglieder des Arbeitgeberverbandes bzw. der Gewerkschaft –, findet ein entsprechender Tarifvertrag ohnehin Anwendung. Wird auf diesen Tarifvertrag im Arbeitsvertrag verwiesen, hat das nur eine klarstellende Funktion.

Musterformulierung
„Verweisung auf Tarifvertrag"

§ (...) Anwendung Tarifvertrag
Ergänzend zu diesem Arbeitsvertrag gelten die Regelungen des Tarifvertrages vom .... für das ....-Gewerbe sowie die diesen Tarifvertrag ergänzenden und ablösenden Regelungen in ihrer jeweiligen Fassung. Ein Exemplar des Tarifvertrages liegt im Foyer der Personalabteilung zur Einsichtnahme aus.

Gelegentlich wird auch auf fachfremde Tarifverträge Bezug genommen. Wenn eine solche Verweisung sinnvoll und erwünscht ist, dann ist zu prüfen, ob die Klausel nicht gegen die Vorschriften zu den Allgemeinen Geschäftsbedingungen (siehe Seite 43) verstößt. Die Verweisungsklausel darf nämlich nicht überraschend und muss für den

Arbeitnehmer transparent sein. Gerade bei Verweisungen, die alle künftigen Änderungen eines Tarifvertrages mit einschließen soll, kann das aber leicht der Fall sein. Sie sollten sich auf jeden Fall jeden Tarifvertrag, auf den Bezug genommen wird, entweder besorgen oder beim Arbeitgeber einsehen.

> *Musterformulierung*
> *„Verweisung auf Tarifvertrag"*
>
> *§ (…) Anwendung Tarifvertrag*
> *Sofern die Arbeitsvertragsparteien nichts Abweichendes vereinbaren, sind im Rahmen des Arbeitsverhältnisses die jeweils einschlägigen Tarifverträge in ihrer jeweils gültigen Fassung anzuwenden. Bei Vertragsabschluss handelt es sich dabei um folgende Tarifverträge: … .*

Schriftform: Änderungen nur schriftlich?

In den meisten Arbeitsverträgen ist für jede Vertragsänderung die Schriftform vorgesehen.

> *Musterformulierung „Schriftformerfordernis"*
>
> *§ (…) Schriftformerfordernis*
> *Änderungen, Nebenabreden und Ergänzungen dieses Vertrages bedürfen zu ihrer Gültigkeit der Schriftform.*

Solche Schriftformklauseln können allerdings jederzeit wieder geändert werden, entweder schriftlich, ausdrücklich oder durch weitere mündliche Abreden. Achten Sie darauf, ob in Ihrem Vertrag ein sogenanntes „doppeltes Schriftformerfordernis" vereinbart wurde. Ist das der Fall, kann eine Änderung im Arbeitsvertrag tatsächlich im Streitfall nur durch eine schriftliche Vereinbarung herbeigeführt werden. Sie können sich in einem solchen Fall nicht mündlich mit dem Arbeitgeber einigen, dass das Schriftformerfordernis im Einzelfall nicht gelten soll.

Musterformulierung
„Doppeltes Schriftformerfordernis"

§ (...) Schriftformerfordernis
Änderungen, Nebenabreden und Ergänzungen dieses Vertrags bedürfen zu ihrer Gültigkeit der Schriftform; das gilt auch für den Ausschluss des mit vorstehendem Halbsatz geregelten Schriftformerfordernisses selbst.

Achten Sie auf Ausschlussfristen

Mit sogenannten Ausschlussfristen kann die regelmäßige gesetzliche Verjährungsfrist von drei Jahren verkürzt werden. Der große Vorteil einer solchen Ausschlussklausel: Zeitnah nach Beendigung des Arbeitsverhältnisses besteht Klarheit für alle Beteiligten. Werden nämlich eventuell bestehende Ansprüche (zum Beispiel ausstehende Lohnforderungen) nicht geltend gemacht, verfallen sie unwiderruflich. Haben Sie noch offene Forderungen gegen Ihren Arbeitgeber, achten Sie besonders auf vertraglich vereinbarte Ausschlussfristen.

Ausschlussfristen können ein- oder zweistufig ausgestaltet sein. Eine einstufige Ausschlussfrist erfordert zur Wahrung des Anspruches lediglich die (schriftliche) Geltendmachung.

Eine zweistufige Ausschlussfrist sieht zusätzlich noch die Klageerhebung innerhalb einer weiteren Frist vor.

Für beide Stufen gilt: Sie haben jeweils mindestens drei Monate Zeit, um die Forderung geltend zu machen. Eine kürzere Frist wäre unwirksam.

Beachten Sie außerdem: Ausschlussfristen dürfen immer nur für Arbeitnehmer und Arbeitgeber gleichermaßen Anwendung finden. Einseitige Ausschlussfristen, die nur Ansprüche des Arbeitnehmers betreffen, benachteiligen diesen und sind deshalb unwirksam. Ebenso unwirksam sind Klauseln, die überraschend in einem umfangreichen Vertragswerk inmitten einer anderen Bestimmung „versteckt" wurden.

Musterformulierung „Ausschlussfristen"

§ (…) Ausschlussfrist

1. Alle beiderseitigen Ansprüche aus dem Arbeitsverhältnis und solche, die mit dem Arbeitsverhältnis in Verbindung stehen, verfallen, wenn sie nicht innerhalb von drei Monaten nach Fälligkeit gegenüber der anderen Vertragspartei schriftlich geltend gemacht werden.

2. Lehnt die andere Vertragspartei den Anspruch ab oder erklärt sie sich nicht innerhalb von zwei Wochen nach Geltendmachung des Anspruchs, so verfällt dieser, wenn er nicht innerhalb von drei Monaten nach der Ablehnung oder dem Fristablauf gerichtlich geltend gemacht wird.

3. Schadenersatzansprüche, die auf vorsätzlichen Handlungen beruhen, werden von dieser Ausschlussfrist nicht erfasst.

Für die Geltendmachung des Anspruchs bzw. für eine Klage kann jederzeit auch eine längere Frist vereinbart werden – kürzere Fristen sind jedoch unwirksam.

Auf den Punkt gebracht

Jeder Vertragsklausel sollte genau unter die Lupe genommen werden. Achten Sie hierbei vor allem darauf, ob Ihnen etwas unklar ist und was Sie noch mit dem Arbeitgeber besprechen müssen. Vor allem die Klauseln, die mit Fristen verbunden sind, die Sie in bestimmten Fällen einhalten müssen, sollten Sie sich genau ansehen und auch einprägen.

Die typischen Zusatzvereinbarungen

Nicht jeder Arbeitnehmer erhält einen Dienstwagen oder eine kostspielige Fortbildung. Derartige besondere Abmachungen sind in aller Regel Gegenstand von Zusatzvereinbarungen.

Fortbildung kostet Zeit und Geld

Sie brauchen zum einen freie Zeit, um an einem Lehrgang teilzunehmen. Außerdem fallen in der Regel Kosten für Weiterbildungsveranstaltungen an. Diese beiden Punkte sind unbedingt in einer entsprechenden Vereinbarung zu klären. Achten Sie zudem darauf, dass auch Ihre Entgeltfortzahlung für die Dauer der Fortbildung gesichert ist.

Musterformulierung „Fortbildung"

§ (…) Fortbildung

1. Der Arbeitnehmer nimmt in der Zeit von … bis … an der folgenden Fortbildungsmaßnahme teil.

2. Für die Dauer dieser Fortbildung stellt der Arbeitgeber den Arbeitnehmer von der Pflicht zur Arbeitsleistung unter Fortzahlung des Gehalts frei.

Alternativen:

▸ *Der Arbeitgeber stellt den Arbeitnehmer für die Dauer der Fortbildung ohne Fortzahlung der Bezüge von der Arbeit frei.*

▸ *Der Arbeitgeber gewährt dem Arbeitnehmer für die Dauer der Fortbildung Erholungsurlaub.*

Kann der Arbeitgeber Rückzahlung verlangen?

Da manche Fortbildungen nicht ganz preisgünstig sind, gibt es häufig einzelvertragliche oder tarifliche Bestimmungen, die Sie zur Rückzahlung verpflichten, wenn Sie vor Ablauf bestimmter Fristen aus dem Arbeitsverhältnis ausscheiden. Eine Beteiligung des Arbeitnehmers an den Kosten ist ausgeschlossen, wenn die Fortbildung

▸ nur innerbetrieblich von Nutzen ist,

▸ nur der Auffrischung vorhandener Kenntnisse dient,

▸ kurze, wenige Wochen dauernde Lehrgänge umfasst, die dazu dienen, den Arbeitnehmer in ein neues Arbeitsgebiet einzuweisen,

▸ für die Anpassung an neue betriebliche Gegebenheiten sorgt, die vom Arbeitgeber veranlasst wurden.

Für die Zulässigkeit von Rückzahlungsklauseln ist entscheidend, dass sowohl die Dauer der Fortbildung als auch die Bindungsdauer an den Arbeitgeber angemessen sind.

Fortbildungsdauer	Bindungsdauer
bis zwei Monate	bis zu einem Jahr
bis zu vier Monate	bis zu zwei Jahren
bis zu einem Jahr	bis zu drei Jahren
mehr als zwei Jahre	bis zu fünf Jahren

Im Einzelfall kann die Bindung auch bei kürzerer Fortbildungsdauer länger andauern, wenn zum Beispiel erhebliche Mittel aufgewendet wurden.

In Ihrem Vertrag muss klar geregelt sein, wann Sie zur Rückzahlung verpflichtet sind. Rückzahlungsklauseln sind nur in den folgenden Fällen statthaft:

▸ Der Arbeitnehmer kündigt selbst.

▸ Der Arbeitgeber kündigt fristgerecht verhaltensbedingt oder fristlos aus wichtigem Grund.

▸ Der Arbeitnehmer veranlasst, dass ein Aufhebungsvertrag mit ihm abgeschlossen wird.

Praxis-Tipp

Sind Sie nach Abschluss der Fortbildung noch für einige Zeit im Unternehmen tätig, kann von Ihnen nicht verlangt werden, dass Sie die Fortbildungskosten in voller Höhe übernehmen. Die Rückzahlungsklausel muss deshalb gestaffelt werden. Je länger Sie nach Abschluss der Fortbildung im Unternehmen beschäftigt bleiben, desto weniger hoch fällt Ihre Beteiligung an den Fortbildungskosten aus.

Die Zahlungsverpflichtung des Arbeitnehmers verringert sich bei einer Bindungsdauer von

▸ einem Jahr um 1/12,

▸ zwei Jahren um 1/24 oder

▸ drei Jahren um 1/36

pro Beschäftigungsmonat.

Musterformulierung
„Rückzahlung Fortbildungskosten"

§ (…) Rückzahlungsklausel

Kündigt der Arbeitnehmer innerhalb von zwei Jahren nach Abschluss der Fortbildung das Arbeitsverhältnis, ohne dass ein vom Arbeitgeber zu vertretender wichtiger Grund vorliegt, oder kündigt der Arbeitgeber fristlos aus einem wichtigen, durch den Arbeitnehmer zu vertretenden Grund oder ordentlich aus verhaltensbedingten Gründen, ist der Arbeitnehmer zur Rückerstattung der übernommenen Kosten der Fortbildung verpflichtet. Diese Rückzahlungsverpflichtung mindert sich dabei für jeden vollen Monat der Betriebszugehörigkeit nach Abschluss der Fortbildung um 1/24 der Gesamtkosten.

Dienstwagen: Private Nutzung oder nicht?

Gerade um Firmenwagen wird gerne und häufig gestritten. Das lässt sich vermeiden, wenn klare Regelungen vor Übergabe des Wagens getroffen werden. Die folgenden Punkte sollten in einer Dienstwagenvereinbarung geklärt werden:

Checkliste „Dienstwagen"	
Für welchen Zeitraum wird der Dienstwagen überlassen?	✓
Um welches Fahrzeug handelt es sich genau (Typ, Ausstattung, Klasse usw.)?	
Habe ich das Recht, auf eigene Kosten die Ausstattung zu verbessern und wenn ja, werde ich dafür bei Rückgabe des Wagens entschädigt? Nach welchem Modus?	

In welchem Zustand (neu, gebraucht, beschädigt usw.) wird das Fahrzeug übergeben?	
Wo, wann und von wem erhalte ich das Fahrzeug?	
Wer trägt die Überführungskosten?	
Muss der Wagen an den Arbeitgeber herausgegeben werden, wenn ▸ das Arbeitsverhältnis gekündigt ist (während der Kündigungsfrist), ▸ ich von der Arbeitsleistung freigestellt werde, ▸ eine langandauernde Krankheit vorliegt, ▸ ich eine Kur antrete, ▸ das Arbeitsverhältnis zum Beispiel wegen Elternzeit, Zivildienst usw. ruht.	
Ist die private Nutzung umfassend gestattet oder beschränkt sie sich auf die Fahrten zwischen Wohnung und Arbeitsstätte?	
Sind die steuerlichen Folgen der privaten Nutzung (geldwerter Vorteil usw.) geregelt?	
Dürfen Dritte wie zum Beispiel Familienmitglieder den Wagen auch benutzen?	
Wer trägt die Kosten für Wartung, Reparatur, Treibstoff, Reinigung, Leasing, Versicherung usw.?	
Muss ich ein Fahrtenbuch führen?	
In welchem Umfang hafte ich für Sachschäden am Dienstwagen?	
Wurde eine Vollkaskoversicherung für den Dienstwagen abgeschlossen?	

Achten Sie auch darauf, welches Verhalten im Falle eines Unfalls von Ihnen erwartet wird.

> *Musterformulierung*
> *„Verhalten im Falle eines Unfalls"*
>
> *Bei Unfällen mit Personen- und/oder Sachschäden ab einer mutmaßlichen Höhe von … EUR ist immer die Polizei zur Unfallaufnahme hinzuzuziehen.*

Für Schäden, die bei dienstlicher Nutzung entstehen, gelten die besonderen Grundsätzen der Arbeitnehmerhaftung, die den Arbeitnehmer vor allzu großer Belastung schützen sollen. Davon darf nicht in einer Vereinbarung nicht abgewichen werden.

> **Achtung**
>
> Bei privaten Fahrten gilt die Begrenzung der Arbeitnehmerhaftung nicht, da keine dienstliche Veranlassung besteht. Sie haften deshalb bei privaten Fahrten unbegrenzt für Ihr Verhalten. Achten Sie deshalb bei einem Dienstwagen vor allem darauf, welche Versicherungen abgeschlossen und welche Selbstbeteiligungsquoten vereinbart wurden.

Abtretung und Pfändung sind oft verboten

Aus Arbeitgebersicht hat ein Abtretungs- und Verpfändungsverbot große Bedeutung, denn die Beschäftigung mit Gehaltspfändungen oder Abtretungen bindet Ressourcen in der Personalabteilung und verursacht Bearbeitungskosten. Für den Arbeitnehmer kann dagegen die Möglichkeit einer Gehaltsabtretung, zum Beispiel für eine Kreditaufnahme oder einen Ratenkauf, sehr wichtig sein. Achten Sie deshalb darauf, dass Abtretungen oder Verpfändungen nicht pauschal verboten, sondern von einer Genehmigung durch den Arbeitgeber abhängig sind.

Musterformulierung
„Abtretung und Verpfändung"

Der Arbeitnehmer darf seine Ansprüche auf Vergütung nur nach vorheriger schriftlicher Zustimmung des Arbeitgebers verpfänden oder an Dritte abtreten.

Im Fall einer Lohnpfändung durch einen Dritten kann der Arbeitgeber Sie an seinen Bearbeitungskosten beteiligen.

Musterformulierung „Kostenübernahmeklausel"

1. Im Falle einer Pfändung oder Abtretung hat der Arbeitnehmer eine Beteiligung an den Bearbeitungskosten in Höhe von 5 EUR pro Pfändung bzw. Abtretung an den Arbeitgeber zu leisten. Außerdem hat der Arbeitnehmer einen Kostenbeitrag in Höhe von 2,50 EUR pro Schreiben (zum Beispiel Drittschuldnererklärung, Gerichtskorrespondenz, Gerichtsvollzieherkorrespondenz usw.) und 1 EUR pro Überweisung zu zahlen.

2. Dem Arbeitgeber bleibt das Recht vorbehalten, nachgewiesene Kosten in Ansatz zu bringen, die tatsächlich in höherem Umfang angefallen sind.

3. Sofern der Arbeitnehmer den Nachweis führt, die zu ersetzenden Kosten seien überhaupt nicht entstanden oder wesentlich niedriger als in der unter Punkt 1. genannten Höhe, ist dieser geringere Betrag maßgebend.

> **Achtung**
>
> Bei einer pauschalen prozentualen Beteiligung muss zumindest ein Höchstbetrag genannt werden (zum Beispiel „... *Kosten in Höhe von 0,5 % der Pfändungssumme, höchstens aber 25 EUR*").

Wettbewerbsverbot: Wann Sie zur Konkurrenz dürfen

Bei einem Wettbewerbsverbot muss unterschieden werden, ob es die Zeit betrifft, in der der Arbeitnehmer im Unternehmen tätig ist, oder ob damit eine Regelung für die Zeit nach Beendigung des Arbeitsverhältnisses getroffen werden soll.

Vertragliches Wettbewerbsverbot

Aufgrund Ihrer Treuepflicht müssen Sie während des Arbeitsverhältnisses jede Konkurrenztätigkeit unterlassen, die dem Arbeitgeber zum Nachteil gereichen könnte. Das gilt unabhängig davon, ob im Arbeitsvertrag eine entsprechende Regelung enthalten ist oder nicht, da diese Pflicht gesetzlich geregelt ist. Im Arbeitsvertrag kann allerdings zur Klarstellung darauf hingewiesen werden.

Verletzen Sie das Wettbewerbsverbot schuldhaft, entsteht für den Arbeitgeber ein Schadenersatzanspruch. Um nicht jede Schadensposition einzeln nachweisen zu müssen, werden in der Praxis die Wettbewerbsverbote regelmäßig mit einer Vertragsstrafenregelung verknüpft.

Musterformulierung
„Vertragsstrafe Wettbewerbsverstoß"

§ (...) Vertragsstrafe bei Wettbewerbsverstößen

1. Verletzt der Mitarbeiter das für die Dauer des Arbeits-
verhältnisses bestehende Wettbewerbsverbot, kann der
Arbeitgeber für jeden Fall der Zuwiderhandlung eine Ver-
tragsstrafe in Höhe von bis zu einem Bruttomonatsgehalt
verlangen.

2. Bei der Geltendmachung der Vertragsstrafe muss der
tatsächlich dem Arbeitgeber entstandene Schaden nicht
nachgewiesen werden. Der Arbeitgeber ist berechtigt,
einen weitergehenden Schaden zusätzlich geltend zu
machen.

3. Die Vertragsstrafe ist nicht zu zahlen, wenn der Arbeit-
nehmer nachweisen kann, dass dem Arbeitgeber kein
Schaden entstanden oder der Schaden wesentlich niedriger
als die Vertragsstrafe ist.

Nachvertragliches Wettbewerbsverbot

Im Gegensatz zum Wettbewerbsverbot während des bestehenden Arbeitsverhältnisses muss ein nachvertragliches
Wettbewerbsverbot ausdrücklich vereinbart werden. Mit
einer solchen Klausel kann sich ein Arbeitgeber für eine
gewisse Zeit davor schützen, dass ein ausscheidender Mitarbeiter mit dem erlangten Know-how für ein Konkurrenzunternehmen tätig wird. Ein nachvertragliches Wettbewerbsverbot ist aber nur statthaft, wenn dem Arbeitnehmer eine sogenannte Karenzentschädigung gezahlt
wird. Diese Entschädigung muss für die Laufzeit des
Verbotes mindestens die Hälfte des zuletzt bezogenen

Entgelts des Arbeitnehmers ausmachen. Insgesamt darf das Wettbewerbsverbot höchstens für zwei Jahre vereinbart werden.

Musterformulierung „Nachvertragliches Wettbewerbsverbot"

§ (…) Nachvertragliches Wettbewerbsverbot

(1) Der Mitarbeiter verpflichtet sich, zwei Jahre lang nach Beendigung des Arbeitsverhältnisses nicht für ein Unternehmen, eine Einzelperson oder Gesellschaft tätig zu sein, die zu dem Betrieb des Arbeitgebers in Wettbewerb steht. Konkurrenzunternehmen sind insbesondere solche, die … herstellen oder vertreiben.

(2) Dem Mitarbeiter ist weder eine unselbstständige noch eine selbstständige Konkurrenztätigkeit gestattet. Er darf insbesondere kein festes Arbeitsverhältnis oder ein freies Beratungs- oder Vertretungsverhältnis bei solchen Unternehmen eingehen, die zu dem Arbeitgeber in Wettbewerb stehen. Der Mitarbeiter darf ebenfalls kein Konkurrenzunternehmen errichten, erwerben oder sich daran beteiligen.

(3) Für die Dauer des Wettbewerbsverbots zahlt der Arbeitgeber dem Arbeitnehmer eine Karenzentschädigung. Diese beträgt die Hälfte der vom Arbeitnehmer zuletzt bezogenen Vergütung, zahlbar in monatlichen Raten jeweils am Monatsende.

(4) Auf die Karenzentschädigung wird angerechnet, was der Mitarbeiter durch anderweitige Verwertung seiner Arbeitskraft erwirbt oder zu erwerben böswillig unterlässt, soweit die Entschädigung unter Hinzurechnung dieses Betrages die Höhe der zuletzt gezogenen vertragsgemäßen Leistungen um mehr als 10 % übersteigt.

> *(5) Der Arbeitnehmer ist auf Anforderung des Arbeitgebers verpflichtet, zur Feststellung der Anrechnungshöhe während der Dauer des Wettbewerbsverbots Auskunft über die Höhe des anderweitigen Verdienstes zu geben.*
>
> *(6) Der Arbeitnehmer hat für jeden Verstoß gegen das Wettbewerbsverbot eine Vertragsstrafe in Höhe von … EUR zu zahlen. Im Fall eines Dauerverstoßes wird die Vertragsstrafe für jeden angefangenen Monat neu verwirkt. Die Geltendmachung eines weitergehenden Schadens bleibt unbenommen.*
>
> *(7) Im Übrigen gelten die Vorschriften der §§ 74 Handelsgesetzbuch (HGB).*

Ein nachvertragliches Wettbewerbsverbot kann Sie in Ihrem beruflichen Fortkommen stark einschränken. Überlegen Sie sich deshalb gut, ob Sie mit der Mindestentschädigung (Hälfte des letzten Gehalts) zufrieden sind. Eine höhere Karenzzahlung oder einen Verzicht auf die Anrechnung weiterer Einkommens können Sie jederzeit vereinbaren.

Im Übrigen haben Sie ein Wahlrecht, wenn Ihnen ein Wettbewerbsverbot auferlegt wurde, im Vertrag aber eine zu geringe Karenzentschädigung festgelegt ist. In diesem Fall ist das Wettbewerbsverbot für Sie unverbindlich und Sie können entweder

▸ das Wettbewerbsverbot ignorieren, keine Karenzentschädigung verlangen und mit einer Konkurrenztätigkeit beginnen oder

▸ die zu geringe Karenzentschädigung annehmen und das Wettbewerbsverbot beachten.

Zielvereinbarungen: So wirken sie auf Ihren Vertrag

Zielvereinbarungen, die meistens am Anfang des Jahres vereinbart werden, sind heute in vielen Unternehmen an der Tagesordnung: Sie vereinbaren mit Ihrem Arbeitgeber, dass bestimmte Ziele in einer bestimmten Zeit erreicht werden, und in diesem Fall erhalten Sie eine bestimmte Vergütung. Meistens werden persönliche mit unternehmensbezogenen Zielen verbunden. Persönliche Ziele können zum Beispiel sein:

▸ Abschluss eines bestimmten Projektes oder Erledigung einer Aufgabe in einem bestimmten Zeitraum,

▸ erzielter Umsatz,

▸ Akquisitionserfolge in punkto Neukunden,

▸ Personalführungskompetenzen,

▸ Kundenzufriedenheit.

Die unternehmerischen Ziele betreffen meistens die wirtschaftlichen Kennziffern, wie zum Beispiel Umsatz und Gewinn des Unternehmens, die auch Einfluss nehmen können auf die Bonuszahlungen einer Zielvereinbarung.

Praxis-Tipp

Achten Sie darauf, dass Sie tatsächlich eine Vereinbarung treffen. Der Arbeitgeber kann nicht einseitig einen Teil der im Vertrag vereinbarten Bezahlung von der Erreichung bestimmter Ziele abhängig machen. Hier müssen Sie Ihr Einverständnis geben.

Üblicherweise wird im Arbeitsvertrag eine Klausel aufgenommen, die die Rahmenbedingungen für eine später abzuschließende Zielvereinbarung regelt. Meistens wird festgelegt, dass es überhaupt eine Zielvereinbarung geben wird, welche maximale Bonuszahlung erreicht werden kann und ob die Grundvergütung von der zielabhängigen Vergütung beeinflusst wird.

> **Praxis-Tipp**
>
> Achten Sie darauf, dass für Ihre Zielvereinbarungen ein bestimmtes Verfahren festgelegt ist, nach dem die einzelnen Ziele zu bestimmen sind. Vor allem sollte auch geklärt sein, was geschehen soll, wenn die Zielvereinbarung nicht zustande kommt, weil zum Beispiel keine Einigung erzielt werden kann. Besteht auch bei teilweiser Zielerreichung ein Anspruch auf eine anteilige Bonuszahlung?

Der Bogen darf nicht überspannt werden

Zielvereinbarungen können sittenwidrig sein. Der Arbeitgeber ist zwar nicht verpflichtet, ein festes Gehalt zu zahlen. Dem Arbeitnehmer muss es aber möglich sein, eine bestimmte Vergütung zu erreichen, wenn die Zielerreichung von seiner Arbeitsleistung abhängig ist. Hier gilt: Die Zielvereinbarung ist dann nicht sittenwidrig, wenn ein durchschnittlicher Arbeitnehmer unter gewöhnlichen Umständen mindestens zwei Drittel der üblichen bzw. tariflichen Vergütung für vergleichbare Tätigkeiten erreichen kann.

Beweisen muss der Arbeitgeber

Häufig kommt es zum Streit, weil sich die Vertragsparteien nicht einigen können, ob der Arbeitnehmer seine Ziele erreicht hat. Dies ist vor allem bei den sogenannten „weichen" Zielen (zum Beispiel Teamfähigkeit, Kommunikationsstärke, Durchsetzungsfähigkeit usw.) der Fall, da sie nur schwer messbar sind. Der Arbeitgeber kann hier jedoch eine Leistungsbestimmung vornehmen. Im Streitfall muss er dann beweisen, dass diese Leistungsbestimmung billigem Ermessen entspricht. Es kommt auf jeden Fall darauf an, dass die Interessen beider Parteien berücksichtigt werden, und was in vergleichbaren Fällen als üblich festgestellt wurde.

Was passiert bei Abwesenheit?

Schnell kommt die Frage nach den Zielvereinbarungen auf, wenn die Arbeitsleistung nicht erbracht werden kann, weil der Arbeitnehmer zum Beispiel krank, im Mutterschutz oder in der Elternzeit ist.

▸ Im Falle einer Arbeitsunfähigkeit, die über sechs Wochen andauert, kann ein Zielvereinbarungsbonus anteilig gekürzt werden.

▸ Wegen Fehlzeiten aufgrund von Mutterschutz darf ein Bonus nicht gekürzt werden. Dies wäre eine unzulässige Diskriminierung wegen des Geschlechts.

▸ Während der Elternzeit kann der Zielvereinbarungsbonus allerdings gekürzt werden, da sowohl Mütter als auch Väter die Elternzeit nehmen können.

Auf den Punkt gebracht

▸ Arbeitgeber, die eine Fortbildung finanzieren, haben in aller Regel ein berechtigtes Interesse daran, den Arbeitnehmer nach Abschluss der Fortbildung zumindest noch für einen bestimmten Zeitraum bei sich beschäftigen zu wollen. Rückzahlungsklauseln mit angemessener Bindungsdauer und Beteiligung an den Kosten sind deshalb üblich und zulässig.

▸ Bei einer Dienstwagenvereinbarung müssen Sie vor allem darauf achten, dass der Umgang mit dem Auto sowie die Kostenfrage geklärt sind. Ebenso sollten Sie genau prüfen, welche Versicherungen abgeschlossen wurden und welche Sorgfalts- und Informationspflichten Sie haben.

▸ Vereinbarungen über Abtretungen und Lohn- und Gehaltspfändungen müssen transparent und angemessen ausgestaltet sein.

▸ Mit der rechtlichen Beendigung des Arbeitsverhältnisses endet auch die Pflicht des Arbeitnehmers, dem Arbeitgeber keinen Wettbewerb zu machen. Der Arbeitgeber kann dies aber verhindern, wenn er mit Ihnen ein nachvertragliches Wettbewerbsverbot vereinbart. Solche Verbote sind nur wirksam, wenn an den Arbeitnehmer eine Karenzzahlung geleistet wird.

▸ Achten Sie darauf, dass Sie Zielvereinbarungen aushandeln und vereinbaren und man Ihnen keine Zielvorgaben macht.

Wie Sie nachbessern und verbessern

Nun haben Sie Ihre Bestandsaufnahme abgeschlossen und vielleicht die eine oder andere Regelung im Vertrag entdeckt, mit der Sie nicht einverstanden sind. Jetzt müssen Sie entscheiden: Entweder Sie starten direkt in eine Verhandlung mit Ihrem neuen Arbeitgeber oder Sie holen sich Rechtsrat ein.

Praxis-Tipp ❗

Wenn Sie Ihren Vertrag aus dem Briefkasten nehmen, dann sollten Sie als Erstes prüfen, ob alle Zusagen enthalten sind, die Ihnen im Vorstellungsgespräch gemacht wurden. Sollte dies nicht der Fall sein, dann dürfen Sie sofort reklamieren. In aller Regel wird sich dies als Versehen auf Arbeitgeberseite herausstellen.

Unwirksame Klauseln

Manchmal sind im Vertrag unwirksame Klauseln enthalten. Der Arbeitgeber verwendet sie vielleicht, weil er gar nicht weiß, dass die Rechtsprechung die Unwirksamkeit längst festgestellt hat. In einem solchen Fall wäre es überflüssig, über diese Vertragspunkte zu verhandeln. Im Moment könnte dieser Hinweis die vielleicht gerade aufgekommene „Harmonie" zerstören.

Prüfen Sie besser, ob die unwirksamen Klauseln überhaupt relevant werden. Handelt es sich zum Beispiel um eine Urlaubsregelung, die bei der Anzahl der Urlaubstage hinter dem gesetzlichen Mindesturlaub zurückbleibt, müssen Sie das zur Sprache bringen. Geht es hingegen nur um unzulässige Rückzahlungsklauseln – zum Beispiel bei Fortbildungskosten –, dann können Sie das Thema immer noch ansprechen, wenn es eines Tages konkret wird.

Unliebsame Klauseln

Wer eine neue Stelle antritt, ist nicht immer mit allen Punkten des Arbeitsvertrages einverstanden. Einige Klauseln sind verhandelbar, an anderen lässt sich meistens nicht rütteln. Insgesamt ist es nicht leicht, die Gestaltung des Arbeitsvertrags zu beeinflussen.

> **Praxis-Tipp**
> Verhandeln Sie – ganz gleich, um welchen Punkt es geht – bevor Sie den Vertrag unterzeichnet haben. Erfahrungsgemäß sind Vertragsänderungen jetzt leichter zu erreichen als zu einem späteren Zeitpunkt.

Gesprächsbereit sind Arbeitgeber meistens dann, wenn der Bewerber für die neue Stelle umziehen muss. So übernehmen viele Unternehmen mitunter die Kosten für Umzugsfirma, Makler oder beides.

Manche Arbeitgeber möchten, dass der Arbeitnehmer bei Bedarf Aufgaben übernimmt, die nicht seiner Qualifikation entsprechen. Auch über diese Klausel kann man reden.

Andere Vertragspunkte sind hingegen nicht verhandelbar. Wenn beispielsweise alle Mitarbeiter im Unternehmen 30 Tage Urlaub haben, dann wird der Arbeitgeber kaum individuelle Urlaubslösungen mit einzelnen Arbeitnehmern treffen. Das Gleiche gilt für die Kündigungsfristen. Solche Vertragsklauseln geben einfach wieder, was im Betrieb üblich ist.

Praxis-Tipp
Feilschen Sie nicht zu stark. Das wirkt schnell misstrauisch oder gierig.

Wenn Sie Regelungen im Vertrag entdeckt haben, die Ihnen nicht recht sind, dann gehen Sie wie folgt vor:

▸ Werden Sie sich darüber im Klaren, welche Klauseln für Sie noch akzeptabel sind und welche nicht.

▸ Formulieren Sie Argumente (am besten schriftlich), die aus Ihrer Sicht gegen diese Regelung sprechen. Überlegen Sie sich mögliche Alternativen, die auch für den Arbeitgeber interessant sein könnten.

▸ Tragen Sie dem Arbeitgeber Ihre Einwände gegen die Vereinbarungen vor. Bleiben Sie hierbei sachlich und achten Sie auf die Reaktionen Ihres Gegenübers.

▸ Zeigen Sie sich verhandlungsbereit: Lenken Sie ein bei Dingen, die Ihnen nicht so wichtig sind, und versuchen Sie die durchzusetzen, die Ihnen besonders am Herzen liegen.

Auf den Punkt gebracht

▸ Eine unwirksame Klausel muss nicht unbedingt angesprochen werden. Dies kann auf den Arbeitgeber schnell „besserwisserisch" wirken und bringt dem Arbeitnehmer im Bewerbungsverfahren nichts. Mit dem Wissen, dass es sich um eine unwirksame Klausel handelt kann man meistens hinter dem Berg halten, bis die Sache relevant wird.

▸ Regelungen, wie zum Beispiel die Anzahl der Urlaubstage, die meistens für alle Arbeitnehmer gleich sind, sollten erst gar nicht als Verhandlungsgrundlage gewählt werden.

▸ Zeigen Sie sich verhandlungsbereit und versuchen Sie, die Punkte durchzusetzen, die für Sie wirklich wichtig sind. Auf nebensächliche Regelungen können Sie im Gegenzug verzichten.

Wenn sich Ihr Arbeitgeber nicht an den Vertrag hält

Angenommen, Sie haben einen Arbeitsvertrag nach Ihren Vorstellungen abschließen können. Leider müssen Sie nach einigen Monaten feststellen, dass es Vereinbarungen gibt, an die sich Ihr Arbeitgeber nicht hält. Wie kommen Sie nun zu Ihrem Recht?

Eine schriftliche Aufforderung kann helfen

Wenn Sie eine schriftliche Vereinbarung getroffen haben, dann hat Ihr Arbeitgeber keine Chance, sich seinen Verpflichtungen zu entziehen. Beispiel: Sie haben einen Nachtzuschlag in einer bestimmten Höhe schriftlich vereinbart. Seit zwei Monaten leisten Sie regelmäßig Nachtschichten, Ihr Arbeitgeber zahlt aber nicht. Fordern Sie Ihren Arbeitgeber zur Zahlung auf.

Musterbrief „Zahlungsaufforderung"

Sehr geehrte (r) Frau/Herr ...,

in meinem Arbeitsvertrag vom ... haben wir unter § ... vereinbart, dass für die anfallenden Nachtschichten eine Zulage von ... EUR gezahlt wird.

Bislang habe ich an den folgenden Tagen Nachtarbeit geleistet ... . Trotzdem haben Sie mir dafür die vereinbarte Zulage nicht gezahlt.

Ich bitte Sie hiermit nochmals um die Zahlung der rückständigen Zulage in Höhe von ... EUR.

Mit freundlichen Grüßen

Wäre in diesem Fall die Zulage für die Nachtarbeit mündlich vereinbart worden, hätten Sie als Arbeitnehmer nun eine schwierige Beweislage. Wenn nicht gerade ein Dritter anwesend war, der die Vereinbarung bezüglich der Zulage bestätigen kann, könnte sich der Arbeitgeber um die Zahlung drücken.

Praxis-Tipp

■ Gerade wenn es um Geld geht, sollten Sie immer auf schriftliche Vereinbarungen bestehen. Ein seriöser Arbeitgeber achtet selbst darauf.

Immer Ärger mit dem Urlaub

Urlaubsstreitigkeiten beruhen meistens darauf, dass der Urlaub nicht zum gewünschten Zeitpunkt genehmigt wird.

Achtung

■ In Urlaubsfragen gilt immer der Grundsatz: Urlaub wird gewährt, nicht genommen.

Auch wenn die Urlaubsfestlegung Sache des Arbeitgebers ist, so muss er jedoch Ihre Wünsche berücksichtigen. Tut er das nicht, muss er dafür einen wichtigen Grund haben. Das kann zum Beispiel sein, dass gerade in der von Ihnen gewünschten Urlaubszeit ein besonders hoher Arbeitsanfall herrscht oder dass ein anderer Arbeitnehmer, der unter sozialen Gesichtspunkten den Vorrang verdient, zur gleichen Zeit Urlaub haben möchte.

Vorsicht: Selbst wenn der Arbeitgeber Ihnen völlig grundlos und willkürlich Ihren Urlaubswunsch verweigert, sollten Sie keinesfalls eigenmächtig den Urlaub antreten. Damit liefern Sie dem Arbeitgeber einen Kündigungsgrund. Wenn Sie keine andere Einigung erzielen können, sind Sie ge-zwungen, Ihren Urlaubswunsch beim Arbeitsgericht klären zu lassen.

Auf den Punkt gebracht

Hält sich Ihr Arbeitgeber nicht an den Vertrag, gehen Sie am besten wie folgt vor:

◆ Prüfen Sie zunächst, ob Ihr Arbeitgeber eine schriftlich getroffene Vereinbarung verletzt.

◆ Sprechen Sie mit dem Arbeitgeber und teilen Sie ihm mit, dass Sie wissen, dass hier eine Vertragsverletzung vorliegt.

◆ **Fordern Sie Ihren Arbeitgeber auf, die Vertragsver-letzungen zu unterlassen und seine Verpflichtungen aus dem Vertrag zu erfüllen.**

◆ Gehen Sie nicht eigenmächtig vor, beurlauben Sie sich vor allem nicht selbst.

◆ Holen Sie sich Rechtsrat ein und bestreiten Sie den Rechtsweg.

Stichworte

Die Autorin

Frau Dr. Stephanie Kaufmann ist Rechtsanwältin in Feldafing am Starberger See. Ihre Tätigkeitsschwerpunkte sind Arbeitsrecht, Betriebsverfassungsrecht und Erbrecht. Sie ist Autorin zahlreicher Bücher und Veröffentlichungen und führt regelmäßig Vorträge und Seminare durch. Weitere Informationen finden Sie auf Ihrer Homepage: www.rechtsanwalt-feldafing.de

Impressum:

Verlag C. H. Beck im Internet: www.beck.de
ISBN: 978-3-406-57802-1
© 2008 Verlag C. H. Beck oHG
Wilhelmstraße 9, 80801 München

Lektorat und DTP: Juristisches Lektorat Claudia Wanzke, Dießen
Umschlaggestaltung: Bureau Parapluie, 85253 Großberghofen
Umschlagbild: © Stephen Coburn - Fotolia.com
Druck und Bindung: Druckerei C. H. Beck, Nördlingen
(Adresse wie Verlag)

Gedruckt auf säurefreiem, alterungsbeständigem Papier
(hergestellt aus chlorfrei gebleichtem Zellstoff)